Karl R. Popper

Reihe Campus
Einführungen
Band 1060

Herausgegeben von
Christian Krüger (Hamburg)
Hans-Martin Lohmann (Heidelberg)
Alfred Paffenholz (Bremen)
Willem van Reijen (Utrecht)
Martin Weinmann (Wiesbaden)

Alts Einführung macht die Leser mit dem ebenso umfänglichen wie
thematisch weit ausgreifenden Werk eines Philosophen bekannt, der
ohne Zweifel zu den einflußreichsten Denkern des 20. Jahrhunderts
gehört. Unbeschadet der Vielfalt der Themen und Probleme, die
Poppers Werk kennzeichnet, gelingt es dem Autor, jenen roten
Faden aufzufinden, der sich durch die gesamte Poppersche Philosophie zieht, nämlich die Idee einer begründungsfreien Kritik. Alt
greift auf das ganze Spektrum der Schriften Poppers zwischen 1925
und 1991 zurück, also auch auf die wenig bekannten Frühschriften,
darunter die unveröffentlichte Dissertation, wobei er u. a. etwaige
Konsequenzen dieser Philosophie, die unter dem Namen des kriti-
schen Rationalismus Schule gemacht hat, für den individuellen
Lebensentwurf erläutert. Aus der Perspektive der Popperschen
Philosophie beschäftigt sich der Autor mit diversen relativistischen
Denkpositionen und deren Stellung zu Poppers Idee der Vernunft.
Schließlich kommt auch zur Sprache, was der britische Philosoph
über Kunst, Ethik, Sprache und Religion zu sagen hat.

Jürgen August Alt, Jg. 1949, lehrt an der Deutschen Landjugend-
Akademie in Bonn. Zahlreiche sozialwissenschaftliche und philosophische Publikationen, u. a.: *Vom Ende der Utopie in der Erkenntnistheorie*, 1980; *Voraussetzungen des Glücks*, 1991.

Jürgen August Alt

Karl R. Popper

Campus Verlag
Frankfurt / New York

Redaktion: Hans-Martin Lohmann

Die Deutsche Bibliothek – CIP-Einheitsaufnahme

Alt, Jürgen August:
Karl R. Popper / Jürgen August Alt. – Frankfurt/Main ; New
York : Campus Verlag, 1992
  (Reihe Campus ; Bd. 1060 : Einführungen)
  ISBN 3-593-34716-4
NE: GT

Originalausgabe

Umschlaggestaltung: Atelier Warminski, Büdingen,
unter Verwendung einer Photographie von Walter Prange, Düsseldorf
Gesamtherstellung: Friedrich Pustet, Regensburg
Printed in Germany

Inhalt

Siglen

Diss Zur Methodenfrage der Denkpsychologie, Dissertation, Universität Wien 1928 (unveröffentlicht)

GE Die beiden Grundprobleme der Erkenntnistheorie (1930–1933) hrsg. v. Troels Eggers Hansen, Tübingen 1979

LdF Logik der Forschung (Wien 1934; engl. 1959), Tübingen 1984[8]

OG_{1-2} Die offene Gesellschaft und ihre Feinde, Bd. 1 u. 2, (engl. 1945; deutsch OG_1: 1957, OG_2: 1958), München 1975[4]

FST Facts, Standards and Truth: A Further Criticism of Relativism, Addendum, in: The Open Society and Its Enemies, vol. 2 (1961), London 1966[5]

CuR Conjectures and Refutations: The Growth of Scientific Knowledge (1963), London 1974[5]

OE Objektive Erkenntnis. Ein evolutionärer Entwurf (engl. 1972), Hamburg 1974[2]

A Ausgangspunkte. Meine intellektuelle Entwicklung (engl. 1974), Hamburg 1979

IuG Das Ich und sein Gehirn; zus. m. J. C. Eccles (engl. 1977), München 1982

PS_{1-3} Postscript to the Logik of Scientific Discovery, ed. W. W. Bartley, III, Vol. 1–3,
PS_1: Realism and the Aim of Science, London 1983

1. Einleitung: das Problem Poppers

Vor etwa 2500 Jahren begannen einige Philosophen damit, über die menschliche Erkenntnis nachzudenken. Sie stießen dabei auf ein Problem, das seither viele Menschen - nicht nur Experten – beschäftigt:[1]

Wie gewinnen wir Erkenntnisse, die völlig sicher sind – Erkenntnisse, auf die wir uns wirklich verlassen können? Wer das Problem so formuliert, macht sich auf die Suche nach Entdeckungsverfahren oder letzten Begründungen, mit deren Hilfe die Menschen unfehlbar die Wahrheit, d. h. richtige, bewiesene Erkenntnisse erreichen sollen. Ein solches Unternehmen mag verlockend sein, denn es kommt dem verbreiteten Streben nach Sicherheit entgegen.

Tatsächlich wurden im Laufe der Jahrhunderte auch verschiedene Vorschläge gemacht, wie es gelingen könnte, mit Sicherheit zur Wahrheit zu gelangen. Im zweiten Kapitel werden wir einen solchen Vorschlag – und zwar einen empiristischen – etwas näher kennenlernen und sehen, wie Popper damit umgeht. Als Karl Popper in den zwanziger Jahren allmählich seine philosophischen Ansichten entwickelte, fand er in etwa die folgende Problemsituation vor:

1. Die Wissenschaften, vor allem die Naturwissenschaften, schreiten scheinbar unaufhörlich fort. Es war für Popper offensichtlich, daß das Wissen über die Welt zugenommen hat und noch weiter zunimmt, daß echte Erkenntnisfortschritte zustandekommen.

2. Andererseits scheint die Suche nach einem Fundament der Erkenntnis bislang erfolglos gewesen zu sein. Zum Beispiel wurde die Idee, die Wissenschaft mit Hilfe induktiver Methoden auf unumstößliche Erfahrungen zu bauen, durch Humes Kritik erschüttert (vgl. Kap. 2). Obwohl die Wissenschaft so beeindruckende Theorien entwickelt, die es uns ermöglichen, die Welt nicht nur besser zu verstehen, sondern auch zu verändern, existieren weder Methoden noch überzeugende Kriterien, die uns in die Lage versetzen, sichere Erkenntnisse zu produzieren bzw. die Wahrheit von Theorien zweifelsfrei festzustellen.

3. Außerdem hat sich herausgestellt, daß sogar die wohl erfolgreichste Theorie, diejenige Newtons (die klassische Mechanik), ihre Schwächen hat. Zweihundert Jahre konnte man glauben, sie sei absolut richtig; doch Einsteins Relativitätstheorie und die Quantenphysik zeigen, daß sie hypothetisch ist und nicht jeder Kritik standhält.

Angesichts dieser Situation formulierte Popper die folgende Frage: *Wie sind Erkenntnisfortschritte überhaupt möglich, wenn uns kein Fundament zur Verfügung steht, das uns Sicherheit gibt?* Die Antwort auf diese Frage ist der Kerngedanke, die *zentrale These* der Philosophie Poppers, des kritischen Rationalismus: Wir benötigen kein Fundament, um Erkenntnisfortschritte zu machen. Entscheidend ist vielmehr, die Theorien, die unsere Erfindungen, unsere hypothetischen Konstruktionen sind, möglichst strengen Prüfungen zu unterziehen. Das Streben nach Sicherheit, die Suche nach einer wahrheitsverbürgenden Instanz, war ein Irrweg. Alle unsere Erkenntnisse haben den Status von Hypothesen. Wir werden sehen, daß dieser Grundgedanke Poppers, der im zweiten und dritten Kapitel genauer herausgearbeitet wird, mit vielen Teilen seiner Philosophie in Beziehung steht.

Dieses Buch bietet eine problemorientierte Einführung in die Philosophie Poppers – das heißt, daß ich mich darum bemühe, die jeweiligen Probleme deutlich zu machen, auf die

Popper mit seinen Hypothesen versuchsweise antwortet. Darüberhinaus möchte ich auf einige praktische Konsequenzen hinweisen, auch auf solche, die manchmal »existentiell« genannt werden. Ich erörtere also noch einmal die Frage, inwieweit der kritische Rationalismus ein plausibles Modell für das individuelle Leben, den Entwurf für eine Lebensweise[2] darstellt. Aus diesem Grund berücksichtige ich nicht nur Probleme der Ethik, sondern auch sog. Sinnfragen und Aspekte der Religionsphilosophie, die zwar in Poppers Werk gelegentlich auftauchen, aber nicht ausgearbeitet sind. Das gilt auch für Poppers in Umrissen erkennbare Theorie der Kunst.

Die Idee der Vernunft scheint – ebenso wie der Fortschrittsgedanke – für viele Zeitgenossen nicht mehr sonderlich attraktiv zu sein. Relativistische Ansichten sind weit verbreitet. Da Popper zeit seines Lebens die Vernunft, zumindest seine Version der Vernunft, verteidigt und jeden Relativismus scharf kritisiert hat, sind seine diesbezüglichen Thesen vielleicht auch eine Provokation für etliche Leser und Leserinnen. Ob Poppers Argumente ausreichen, um die verschiedenen Spielarten des Relativismus zu erschüttern, müssen natürlich die Leser entscheiden. Jedenfalls werde ich mir Mühe geben, die für diese Problematik relevanten Aussagen möglichst klar herauszustellen.

In dieser Einführung berücksichtige ich auch Poppers veröffentlichte Frühschriften, also die vor der *Logik der Forschung* entstandenen Arbeiten und seine unveröffentlichte Dissertation, ferner einige weniger bekannte Texte wie *Facts, Standards and Truth*, die mehr Beachtung verdient hätten.

2. Erkenntnis

2.1 Induktion, Abgrenzung und Falsifizierbarkeit

Poppers Antwort auf die Frage, wie Erkenntnisfortschritte ohne Fundament zustandekommen, ist eng mit seinen Lösungsvorschlägen für zwei weitere Probleme verknüpft, die er in den zwischen 1930 und 1933 entstandenen Schriften als die »beiden Grundprobleme der Erkenntnistheorie« (GE) bezeichnet: das Abgrenzungs- und das Induktionsproblem. Um den Zusammenhang dieser Probleme zu verstehen, müssen wir berücksichtigen, daß der Vorschlag, Theorien induktiv zu rechtfertigen, letztlich eine positive Antwort auf die Frage darstellt, wie sichere Erkenntnisse zu erreichen sind. Theorien sollen durch Erfahrungen, durch verallgemeinerbare Erfahrungen, belegt werden. Der englische Empirist Francis Bacon (1561–1626) zum Beispiel stellte sich die Aufgabe, »dem Geiste einen neuen und sicheren Weg« zu ebnen.[3] Für ihn sind bestimmte Erfahrungen bzw. Sinneswahrnehmungen eine *zuverlässige Quelle*, aus der wir die richtigen Kenntnisse schöpfen können – und zwar mit Hilfe der Induktion. Es ist sehr wichtig, zwei mit dem *Induktionsproblem* verknüpfte Fragen zu unterscheiden: 1. Gewinnen wir Erkenntnisse, indem wir Erfahrungen verallgemeinern? Diese Frage bezieht sich nicht auf ein Verfahren der Rechtfertigung von Theorien, sondern auf tatsächlich ablaufende Prozesse bei der Entstehung von Erkenntnissen, also auf die Funktionsweise des Gehirns. 2. Lassen sich Theorien induktiv rechtfertigen, absichern, indem wir auf Erfahrungen verweisen bzw. auf Aussagen, mit denen wir bestimmte Beobachtungen festhalten? Vorläufig beschäftigt uns nur diese zweite Frage. Hume (1711–1776) legte eine folgenreiche Analyse dieses Problems vor, die nicht nur Kant, sondern auch Popper, Russell und die Positivisten des »Wiener Kreises« tief beeindruckt hat. Hume kommt zu einem negativen Ergebnis; es gibt keine induktive Rechtfertigung: »... alle Folgerungen aus der Erfahrung setzen als ihre Grundlage voraus, daß die Zukunft der Vergangenheit ähnlich sei und daß ähnliche Kräfte mit ähnlichen Sinnesqualitäten verbunden sein werden«.[4] Wir müssen also – so formuliert es Popper in einer seiner frühen Arbeiten – bei jedem Induktionsversuch die hypothetische Voraussetzung machen, »daß es allgemeine Sachverhalte, daß es Gesetzmäßigkeiten gibt« (GE 35). Unsere Erkenntnistätigkeit beginnt mit Hypothesen, die die Erfahrungen erst ermöglichen. Aber wenn Humes Analyse zutrifft, wenn Theorien nicht durch Erfahrungen, etwa durch kontrollierte Beobachtungen gerechtfertigt werden können – worin unterscheidet sich dann die Wissenschaft von anderen Unternehmungen, etwa der Metaphysik, der Kunst, der Religion? Damit sind wir beim *Abgrenzungsproblem* angelangt.

Poppers Lösungsvorschlag läuft im Grunde darauf hinaus, *solche Aussagen als »wissenschaftlich« zu betrachten, die Erkenntnisfortschritte begünstigen, die korrigierbar sind.* Unsere Vermutungen sollen nach Möglichkeit so formuliert werden, daß sie widerlegbar (falsifizierbar) sind, daß sie – so Popper in der *Logik der Forschung* – an der Erfahrung scheitern können. Widerlegbar sind die wissenschaftlichen Hypothesen deshalb, weil sie das Auftreten bestimmter Ereignisse verbieten.

Die Falsifizierbarkeit ist eine logische Angelegenheit, eine Beziehung zwischen Sätzen, nämlich den Sätzen der zur Prüfung anstehenden Theorie und den Prüfsätzen, mit denen wir – hypothesengeleitet – Erfahrungen (Ereignisse, Beobachtungen) formulieren, die die Theorie ausschließt.

Anfangs forderte Popper noch ein strenges Abgrenzungskriterium, später erweiterte er sein Kriterium der Falsifizierbarkeit zum Kriterium der Kritisierbarkeit (LdF 254). Das ursprüngliche Kriterium sollte vor allem eine »Trennungslinie« (Popper) zwischen metaphysischen und wissenschaftlichen Aussagen ziehen. Tatsächlich verlaufen die Grenzen zwischen metaphysischen (also unwiderlegbaren) Thesen und wissenschaftlichen (also widerlegbaren) Thesen eher fließend.[5] Schließlich sind die Theorien der Wissenschaft aus metaphysischen Entwürfen hervorgegangen. Wir können – und sollen – uns aber darum bemühen, metaphysische Ansichten so zu formulieren, daß sie überprüfbar werden, Unwiderlegbarkeit ist keine Stärke, sondern eine Schwäche.

2.2 Poppers Auseinandersetzung mit dem logischen Positivismus

Die Thesen Poppers werden vielleicht noch deutlicher, wenn wir sie mit einigen Auffassungen der Positivisten des »Wiener Kreises« vergleichen. Diese bemühten sich darum, eine *Erfahrungsbasis* ausfindig zu machen, die von der Kritik Humes nicht getroffen wird. Sie vertraten – im großen und ganzen – die Auffassung, alle wissenschaftlichen Aussagen müßten auf Aussagen über »Gegebenes« zurückführbar sein. Hinter einem solchen Unternehmen verbirgt sich natürlich der Gedanke, man könne irrtumsfrei auf dem »Gegebenen«, das zweifelsfrei da ist, Theoriengebäude errichten. Insofern läßt sich auch der Positivismus als ein Vorhaben begreifen, das noch in der Tradition des erkenntnistheoretischen Fundamentalismus steht. Andererseits wurde von den Vertretern des »Wiener Kreises« sehr bald erkannt, daß es »keine absoluten Anfangssätze für den Aufbau der Wissenschaft« gibt.[6]

Nach Carnap handelt es sich bei den »Anfangssätzen« um sogenannte »Protokollsätze«, in denen Wahrnehmungserlebnisse, die »Gegebenes« betreffen, festgehalten werden.

Popper dagegen vertritt in seiner *Logik der Forschung* kurz gesagt den folgenden Standpunkt: Wir brauchen, wenn wir Theorien an der Erfahrung scheitern lassen wollen, Sätze, die zu *Prüfzwecken* verwendet werden können. Popper geht (wie z. B. Carnap) davon aus, daß Theorien in Sätze gefaßt sind, die wiederum nur mit Hilfe von Sätzen, zu denen logische Beziehungen bestehen, überprüft werden können. Als Prüfsätze kommen solche Sätze infrage, die denjenigen Sätzen widersprechen, die aus der zur Prüfung anstehenden Theorie abgeleitet sind. Diese »Basissätze« haben die Form singulärer Es-gibt-Sätze. Die Es-gibt-Sätze beschreiben Ereignisse, deren Auftreten die zu prüfende Theorie verbietet. Die Basissätze teilen uns also nicht irgendwelche Erlebnisse mit; sie beziehen sich auf objektive Ereignisse. Wie alle Hypothesen überschreiten aber auch die Basissätze unsere Erfahrung. Deshalb kann es sich bei diesen Basissätzen nicht um bloße Protokolle von Beobachtungen oder theoriefreien Erfahrungen handeln. Ein konventionelles Moment tritt bei der Festsetzung der Basissätze unvermeidlich auf. Die Basissätze sind relativ, nicht absolut, denn »jeder Basissatz kann neuerdings durch die Deduktion anderer Basissätze überprüft werden ... Dieses Verfahren findet niemals ein ›natürliches‹ Ende«. (LdF 69)

Demgegenüber behauptet Moritz Schlick (1881–1932) in seinen Vorlesungen aus den dreißiger Jahren, einzelne, beobachtbare Tatsachen bildeten die *Grundlage* wissenschaftlicher Systeme.[7] Singuläre Sätze, also Sätze über die einzelnen Tatsachen, sind nach seiner Überzeugung die »Quelle, das Fundament, auf dem unsere ganze Wissenschaft ruht«,[8] während für Popper unsere Erkenntnistätigkeit von Theorien und Problemen, die wir mit Hilfe von Theorien bestimmen, ausgeht.

Innerhalb des »Wiener Kreises« war es vor allem Otto

Neurath, der den hypothetischen Status der Prüfsätze betonte, jener »Protokollsätze« also, die einfache Erfahrungen bzw. Beobachtungen festhalten. Doch auch Neurath hielt an der fundamentalistischen Auffassung fest, derzufolge die Wissenschaft eine Basis braucht, eben eine Erfahrungsbasis. Weil aber die Theorien unsere Erfahrungen überschreiten, weil – so Popper – allgemeine Sätze mehr aussagen, als empirisch überprüft werden kann, neigten die Positivisten dazu, solche Sätze mit Argwohn zu betrachten. Aber gerade die wohl wichtigsten Bestandteile vieler Wissenschaften, die Gesetzeshypothesen nämlich, bestehen doch aus solchen Sätzen. Tatsächlich sieht Neuraths Entwurf einer empirischen Soziologie vor, auf alle Aussagen zu verzichten, die sich nicht auf beobachtbares Verhalten beziehen. Die positivistische Auffassung ist also mit Festlegungen verbunden, die im Interesse der Wissenschaft nicht akzeptiert werden können. Zu diesem Ergebnis gelangt Popper bereits in der (unveröffentlichten) Dissertation aus dem Jahre 1928. Dort verteidigt Popper die Auffassung seines Lehrers Karl Bühler gegen die physikalistische Position von Schlick, die dieser in seiner 1918 erschienenen Erkenntnislehre entwickelt (Popper benutzt die 2. Auflage von 1925).

Schlicks Buch ist das vielleicht wichtigste Werk des frühen logischen Positivismus. Die darin vertretene physikalistische Auffassung bedeutete natürlich eine Herausforderung für den Bühlerschen »Pluralismus der Aspekte«. Bühler brachte *Die Krise der Psychologie* – so der Titel seines berühmten Buches – mit verschiedenen methodologischen (und ontologischen) Festlegungen seiner Fachkollegen in Zusammenhang. Die Behavoristen beispielsweise waren Bühler zufolge diejenigen, die nur den »Verhaltensaspekt« berücksichtigten. Die Introspektion, über deren Stellenwert damals eine heftige Diskussion erbrannt war, betrachteten sie nicht als eine sinnvolle Methode der Psychologie. Dagegen wollte Bühler zeigen, daß »die Erlebnisse, das sinnvolle Benehmen der Lebewesen und ihre Korrelationen mit den Gebilden des objektiven Geistes« zum »Ausgangsgegenstand« der Psychologie gehören müssen.[9] Bühlers Absicht war dabei, die Psychologie aus der »Krise« zu führen. Den eigenen Neigungen entsprechend, konzentrierte er sich in seinen Überlegungen vornehmlich auf die Sprachpsychologie. Popper stellt sich in der Dissertation die Aufgabe, »die wichtigsten methodologischen Ergebnisse Bühlers auf die Denkpsychologie zu übertragen ...« (Diss V). Um diese Aufgabe aber leisten zu können, muß Popper sich mit der Arbeit von Schlick auseinandersetzen. Aus der Sicht Schlicks hängt die Erkenntnis psychischer Vorgänge davon ab, ob es gelingt, »die introspektive Psychologie in eine physiologische, naturwissenschaftliche, in letzter Linie in eine Physik der Gehirnvorgänge, überzuführen.«[10] Die Möglichkeit einer solchen Reduktion muß nach Schlick postuliert werden; wer das nicht tut, verzichtet darauf, das Psychische überhaupt zu erkennen. Erkenntnisfortschritte fallen aus der Perspektive Schlicks also mit Reduktionen zusammen. Auch Popper betont, daß eine gelungene Reduktion – etwa die Reduktion der Chemie auf die Physik – in der Tat einen gewaltigen Erkenntnisfortschritt bedeutet. Es ist daher auch angebracht, immer wieder Reduktionsversuche anzustellen. Doch »wäre es verfehlt, daraus ohne weiteres die methodologische Konsequenz zu ziehen, daß sich die ganze wissenschaftliche Arbeit auf die Reduktion einstellen müsse: im Gegenteil« (Diss 16). Zunächst sollte nach Poppers Ansicht die zu reduzierende Wissenschaft *ausgebaut* werden.

Popper bringt hier einen Gedanken ins Spiel, den er in seiner Spätphilosophie (ohne auf die Dissertation hinzuweisen) in einem evolutionstheoretischen Kontext verwendet. Selbstverständlich wachsen die Schwierigkeiten für einen erfolgreichen Reduktionsversuch, wenn wir die zu reduzierende Wissenschaft ausbauen – aber genau dies will Popper mit seinem Vorschlag ja erreichen: Eine Reduktion, die (ganz oder teilweise) gelingt, obwohl alle Argumente, die für Emergenz sprechen, bedacht wurden, wäre ein großer Erfolg. Aber auch aus einem fehlgeschlagenen Versuch, eine entwickelte Disziplin auf eine andere, grundlegendere zu reduzieren, kann man Popper zufolge viel lernen; denn ein solcher Versuch führt zu *neuen Problemen* und daher auch zu *neuen Problemlösungsversuchen*. Das Auftreten neuer – unerwarteter – Probleme nach gescheiterten (oder nur partiell gelungenen) Reduktionsversuchen sollte, das betont Popper gerade in späteren Arbeiten mit Nachdruck, die Wissenschaftler nicht davon abhalten, Reduktionen zu probieren. Denn neue Probleme forcieren den Erkenntnisfortschritt. Sowohl eine a priori eingenommene anti-reduktionistische als auch eine reduktionistische Auffassung engen den schöpferischen Prozeß der Theorienkonstruktion ein. Es ist jedenfalls noch zu früh, meint Popper in seiner Dissertation (Diss 42), sich für Schlicks »Weltbild von imponierender Einfachheit und Geschlossenheit« zu entscheiden. Popper befürchtet, daß eine dogmatische Festlegung der wissenschaftlichen Arbeit auf eine bestimmte (reduktionistische oder anti-reduktionistische) Position zur *Ausgrenzung von Problemen* führt. Schlicks geschlossenes Weltbild, auch wenn es uns imponieren mag, könnte zu einfach sein. Popper schöpft den Verdacht, daß das physikalistische Programm – entgegen den Verlautbarungen der logischen Positivisten (wie etwa Carnap) – doch mit ontologischen Festsetzungen einhergeht, die den Spielraum beim Erfinden von Theorien zu sehr einengen. Die Welt ist letztlich einfach – das scheint die globale ontologische These der Positivisten zu sein. Entsprechend sind auch, wie Schlick betont, die »Grundlagen alles Wissens … einfach … sie sind selbständig, selbstgenügsam da«.[11] Mit seiner frühen Kritik macht Popper u. a. darauf aufmerksam, daß die Welt sowie die Grundlagen des Wissens auch komplex sein könnten.

2.3 Trilemmata

Selbst die besten Theorien, etwa die Theorien Newtons und
Einsteins, sind Hypothesen, die bislang unseren kritischen
Prüfungen mehr oder weniger standgehalten haben – dieser
Auffassung Poppers können wir uns noch auf einem anderen
Weg nähern. In einer seiner frühen Arbeiten (GE) setzt sich
Popper mit den Philosophen Fries (1773–1843) und Nelson
(1882–1927) auseinander. Beide beschäftigten sich mit dem
Problem der Begründung von Aussagen. Es sieht ja zunächst
so aus, als sei es eine Tugend, alle Aussagen zu begründen.
Wer nicht einfach ein Dogma akzeptieren will, muß sich – so
scheint es – auf das Geschäft der Begründung einlassen. Dabei
entsteht aber das folgende Problem: Für *jede* Begründung
kann wiederum eine weitere Begründung verlangt werden.
Tatsächlich aber müssen diejenigen, die daran festhalten, alles
begründen zu wollen, an irgendeiner Stelle damit aufhören –
niemand kann endlos debattieren. Die zunächst so plausible
Idee der Begründung bringt daher unüberwindliche Schwierigkeiten mit sich. Es ist nicht möglich, zu endgültig abgesi-
cherten, letzten Begründungen zu gelangen. Leonard Nelson,
der über eine Erkenntnistheorie nachdachte, mit der er die
Wissenschaft zu begründen versuchte, hat das Problem so
formuliert:

»Und wie will uns die Erkenntnistheorie gegen den Irrtum schützen? Offenbar indem sie keine Erkenntnis zuläßt, ohne sie zu
begründen. Und so beruft sich von jeher die Erkenntnistheorie
gegen den Dogmatismus auf den Satz des Grundes und das aus ihm
fließende Postulat der Begründung aller Urteile. Der Dogmatiker
aber beruft sich hiergegen auf die unwiderlegliche Behauptung, daß
die Forderung, alle Erkenntnis zu begründen, auf einen Regreß
führt, dessen Unvollendbarkeit die Möglichkeit aller Begründung
aufheben muß.«[12]

Wie Fries erörtert auch Nelson die Möglichkeit, die Erkenntnis auf ein *außersprachliches Fundament* zu stellen. Beide

19

räumen damit die Unvermeidlichkeit des unendlichen Begründungsverfahrens ein, solange wir uns mit sprachlichen Gebilden, mit hypothetischen Aussagen beschäftigen. Daher scheint es nahezuliegen, auf eine aussagenunabhängige *unmittelbare Erkenntnis* zurückzugreifen. Nelson meint, daß wir dem hypothetischen Kontext so entrinnen können. Er stellt daher auch fest: »Aller Rede über Irrtum und Wahrheit liegt die unmittelbare Erkenntnis als letzte Voraussetzung zugrunde.«[13]

Als Kandidaten für *unmittelbare Erkenntnisse* kommen irgendwelche Erlebnisse bzw. Erfahrungen infrage, die einen scheinbar voraussetzungslosen bzw. hypothesenfreien Zugang zur Wirklichkeit ermöglichen. Doch einen solchen Zugang gibt es nicht. Wir werden weiter unten (4.4) zu der Feststellung gelangen, daß jede Erfahrung, wie gewiß sie auch erscheinen mag, mit unterschiedlichen Theorien verträglich ist. Popper fordert daher, *keinerlei Erfahrungen zur Begründung von Aussagen heranzuziehen.* Alle diejenigen, die am Begründungsdenken festhalten, müssen ein Trilemma in Kauf nehmen; sie haben die Wahl zwischen drei gleichermaßen unbefriedigenden Möglichkeiten, die Popper so skizziert (GE 121):

1. Dogmatismus (die Begründung wird an einem sicher erscheinenden, kritikimmunen Punkt abgebrochen),
2. unendliches Begründungsverfahren (sog. infinitiver Regreß),
3. psychologistische Basis (Rekurs auf ein scheinbar evidentes Erlebnis).

Mit den Schwierigkeiten, die die Forderung nach Begründung hervorruft, haben sich bereits verschiedene Autoren (z. B. Fries und Nelson) vor Popper beschäftigt. Das gilt auf jeden Fall für den unendlichen Regreß – dieser spielt beispielsweise in Humes *Dialogen über natürliche Religion* eine Rolle, wo er sich mit dem populären theologischen Argument der *letzten Ursache* auseinandersetzt.[14] In unseren Tagen hat

Hans Alberts Variante des Trilemmas, das sog. *Münchhausen-Trilemma*, für wissenschaftstheoretische Debatten gesorgt.[15]

Aber das Trilemma existiert nur solange, wie wir an der Idee der Begründung festhalten. Die Pointe von Poppers fallibilistischem Vorschlag liegt darin, auf die Begründung zu verzichten, ohne deshalb die Möglichkeit von Erkenntnisfortschritten auszuschließen. *Statt Theorien zu begründen, unterwerfen wir sie kritischen Prüfungen* – wir lernen aus unseren Fehlern. An die Stelle der Idee der Begründung tritt die Idee der Kritik, ein Vorgang, den Helmut Spinner als »Wende zum rechtfertigungsfreien Denken« interpretiert hat.[16]

2.4 Evolutionäre Erkenntnistheorie

In den letzten Jahren erleben wir eine intensiv geführte Diskussion über ein faszinierendes, interdisziplinäres Forschungsprogramm: die evolutionäre Erkenntnistheorie. Dieser Ansatz nimmt die überaus plausible Hypothese ernst, daß sich die menschlichen Erkenntnisorgane im Laufe der Evolution herausgebildet haben. Vertreter der evolutionären Erkenntnistheorie betrachten nicht nur die Entstehung und die Funktionen menschlicher Erkenntnis aus evolutionstheoretischer Perspektive; sie versuchen darüber hinaus, einen Beitrag zur Lösung traditioneller erkenntnistheoretischer Probleme zu leisten. Einige Theoretiker – darunter Popper – bemühen sich außerdem darum, die Entwicklung wissenschaftlicher Theorien (die u. a. die Evolution der Erkenntnisorgane zur Voraussetzung hat) evolutionstheoretisch zu deuten.

Anfang der sechziger Jahre beginnt Popper damit, seinen Problemlösungen einen evolutionstheoretischen Rahmen zu geben. Diese Wende zur Evolutionstheorie, die mit einer weiteren Ausarbeitung metaphysischer Annahmen (Realismus, Idee der Wahrheit) einhergeht, bedeutet freilich keinen Bruch in seinem Gesamtwerk. Popper entwickelt nämlich Überlegungen weiter, die bereits in den Frühschriften eine Rolle spielen. Zum ersten Mal legt er in seiner Dissertation (1928) den Gedanken nahe, die Erkenntnistätigkeit aus einer biologischen Perspektive zu betrachten. Und in den zwischen 1930 und 1933 entstandenen Manuskripten (Ge 7–32) reformuliert er das Problem Kants (dessen Frage nach der Möglichkeit synthetischer Urteile a priori) und macht einen Lösungsvorschlag, den er in späteren Arbeiten wieder aufgreift.

Doch bevor wir uns mit der evolutionstheoretischen Deutung einiger erkenntnistheoretischer Probleme beschäftigen, möchte ich – ohne auf Einzelheiten und Kontroversen einzugehen[17] – einige Grundannahmen der Evolutionstheorie kurz skizzieren. Ausgangspunkt dieser Theorie ist die (hypothetische) Feststellung, daß die verschiedenen Arten von Lebewesen einer Entwicklung unterliegen. Darwin und Wallace haben als erste eine Erklärung dafür vorgelegt, eine Erklärung, die zu einem der erfolgreichsten Forschungsprogramme in der Geschichte der Wissenschaft geführt hat. Ganz allgemein gesprochen, ereignet sich Evolution, wenn in einer begrenzten Welt, in der die Ressourcen knapp sind, Variation, Reproduktion und Selektion auftreten.[18] Ungerichtete Variationen, die im Innern von Strukturen auftauchen (wie die Mutationen), führen zu Konsequenzen, zu modifizierten Strukturen, die gegenüber bestimmten Umweltgegebenheiten scheitern oder bestehen können. Die Variationen bei Lebewesen kommen letztlich durch Veränderungen des genetischen Materials zustande (Mutationen, Rekombinationen). Sobald diese Umstrukturierungen im Erbgut zu Konsequenzen bei den Organismen führen, können deren Reproduktionschancen beeinflußt werden. Ist das Lebewesen beispielsweise in der Lage (aufgrund von ungerichteten Mutationen), Raubfeinde eher zu erkennen, hat es gegenüber den Artgenossen einen Überlebensvorteil. Das neue Merkmal (das verbesserte Sehvermögen) bewährt sich und mit ihm die Strukturveränderung im Erbgut. Mutationen scheinen keine Anpassungen an externe Bedingungen zu sein; sie geschehen insofern zufällig. Der Druck der Außenwelt kommt erst nachträglich ins Spiel. Sobald sich bestimmte Strukturen und Verhaltensweisen durchgesetzt haben, üben auch diese einen Selektionsdruck aus – sie verändern einen Teil der Welt, sie beeinflussen den weiteren Verlauf der Evolution. Sie gehören fortan zu den Umgebungsbedingungen, mit denen einige andere Lebewesen (z. B. Beutetiere) zurechtkommen müssen. Die einmal entstandenen neuen Strukturen schränken einerseits den Variationsbereich ein (innere Selektoren) – viele Veränderungen sind einfach nicht mehr möglich. Andererseits eröffnet jede Innovation auch neue Möglichkeiten für Variationen, die vorher noch nicht existierten.

Wenn gleichartige Selektionsdrucke wirken, kommt eine gerichtete Entwicklung zustande. Es entsteht dann leicht der Eindruck, die Evolution steuere auf ein Ziel zu. Eine Pointe der Evolutionstheorie liegt aber gerade darin, Entwicklungen zu erklären, ohne auf teleologische Annahmen zurückgreifen zu müssen. Die Evolution verläuft nicht nur ungeplant und ziellos, sondern auch – als Folge von Zufallsereignissen, von unsystematischen Variationen – auf eine unvorhersagbare Weise, auch wenn sich verschiedene Trends durchaus feststellen lassen.

Wir betrachten nun noch einmal die oben (2.1) erwähnten Induktionsprobleme, zum einen die Frage, ob eine Theorie induktiv gerechtfertigt, begründet werden kann, zum andern, ob wir induktiv lernen, ob Erkenntnisse verallgemeinerte Erfahrungen sind. Alle Organismen kommen mit strukturellen Voraussetzungen – mit Erkenntnisorganen – zur Welt, von denen ihre Erkenntnisaktivitäten ausgehen. Diese Organe können als Hypothesen aufgefaßt werden, die sich im Laufe der Evolution herausgebildet und bewährt haben. Sie sind an bestimmte Aspekte der Welt angepaßt – z. B. an die Wirkung der Schwerkraft. Die Lebewesen gelangen nicht dadurch zu Erkenntnissen, indem sie damit beginnen, voraussetzungslos Erfahrungen zu sammeln und dann zu verallgemeinern. Vor dem Hintergrund dieser Annahmen antwortet Popper auf das zweite Induktionsproblem Humes: *Warum glauben wir an die Induktion*, obwohl die logische Analyse zeigt, daß unser Glaube irrational ist? *Warum vertrauen wir unseren Erfahrungen?* Hume bringt hier eine psychologische Theorie ins Spiel, nach der die, wie er sagt, *Erfahrungsschlüsse* Folgen der *Gewohnheit* sind. Er vermutet einen Assoziationsmechanismus, der die Daten verknüpft, die durch die Sinnesorgane in die Lebewesen gelangen.

Demnach lernen wir also induktiv. Popper dagegen bestreitet, daß Hypothesen aus Erfahrungen gewonnen werden – *Erfahrungen können lediglich Anlässe sein, neue Hypothesen zu erfinden*. Der Glaube an die Erfahrungen hängt nicht mit der Gewöhnung, mit induktivem Lernen zusammen, er geht auf letztlich angeborene Erwartungen zurück, etwa auf die Erwartung, Regelmäßigkeiten in der Welt anzutreffen.

Das nächste Problem, das wir kurz betrachten wollen, hängt mit Kants berühmter Unterscheidung zwischen a priori- und a posteriori-Urteilen zusammen. Kant vertrat die Auffassung, daß es Erkenntnisse gibt, die vor jeder Erfahrung (a priori) *gültig* sind – dies hat unter anderem mit Kants Respekt vor Newtons Theorien zu tun, an deren Wahrheit er niemals zweifelte. Popper behauptet nun, alle Lebewesen verfügten tatsächlich über a priori-Wissensbestände, die in den organismischen Strukturen verkörpert sind. Diese sind zwar a priori, d. h. sie gehen den Erfahrungen voraus und ermöglichen die Erfahrungen; aber sie sind nicht vor aller Erfahrung gültig, sondern hypothetisch. Es ist auch irreführend, die a priori-Wissensbestände im Blick auf die Stammesgeschichte als a posteriori, als erworbene Strukturen zu interpretieren, wie dies Lorenz und Vollmer getan haben.[19] Streng genommen wurden sie nämlich nicht im Laufe der Evolution *erworben*. Denn die Mutationen scheinen nicht als Ergebnis einer Informationsverarbeitung oder gar als Abbildung externer Strukturen zustandezukommen. Nach Popper haben die ungerichteten Mutationen den Status von Versuchen; er betrachtet sie als Vorläufer von Hypothesen.

Eine ganz andere Frage ist, ob Popper mit seiner Darstellung dem Anliegen Kants gerecht wird. Er verändert ja Kants Fragestellung und deutet sie mit Hilfe einer Theorie, der evolutionären Erkenntnistheorie, die zur Zeit Kants noch gar nicht zur Verfügung stand. Außerdem enthält Poppers Lösungsvorschlag eine Kritik an Kant, eine Kritik an dessen Behauptung, es müsse Erkenntnisse geben, die a priori *gültig* sind.

Popper jedenfalls ist davon überzeugt, daß Kant die meisten Ergebnisse der evolutionären Erkenntnistheorie vorweggenommen habe (WOP 46).

3. Sprache

3.1 Funktionen der Sprache

Wir haben gesehen, daß die Evolution auch als ein Vorgang der Erkenntnisgewinnung via Versuch und Irrtum gedeutet werden kann. Das in den organismischen Strukturen eingebaute Wissen bezieht sich auf stabile Umgebungsbedingungen – beispielsweise auf die Wirkungen der Schwerkraft. Popper betont in seinem letzten Buch den *fundamentalen Charakter* dieses Wissens (*long-term-knowledge*). In einer komplexen und variablen Welt sind aber oftmals rasche Orientierungen und Verhaltensänderungen erforderlich. Darauf beruht der Überlebensvorteil, den die zentralnervösen Strukturen, die Lernen ermöglichen, für die Lebewesen zur Folge haben.

Mit der menschlichen Sprache taucht erstmals die Möglichkeit auf, Prozesse der Variation und der Selektion außerhalb der Lebewesen (d. h. der Menschen) zu vollziehen. Erwartungen bzw. Hypothesen lassen sich nämlich sprachlich formulieren; auf diese Weise werden sie in externe, außersubjektive Gebilde, in Sätze umgewandelt. Wir können daher sagen, *daß die menschliche Sprache den engen Zusammenhang zwischen Hypothesen und Organismen auflöst.*

Schon Karl Bühler, Poppers Lehrer in den zwanziger Jahren,[20] unterschied drei Funktionen der menschlichen Sprache: die Kundgabe- bzw. Ausdrucksfunktion, die Auslöse- bzw. Signalfunktion und die Darstellungsfunktion. Demnach informiert die Sprache nicht nur über interne Zustände des Senders (*Ausdruck*), also des sprechenden Menschen. Sie dient auch nicht nur der Verhaltenssteuerung (*Auslösung*). Mit der Sprache lassen sich darüber hinaus Sachverhalte darstellen. Popper modifiziert diese These, indem er die argumentative Funktion hinzufügt (IuG 58). Denn eine Landkarte beispielsweise oder die Beschreibung einer Landschaft sind zwar Darstellungen, aber keine kritischen Argumente. Weil die Funktionen nicht aufeinander reduziert werden können, *versagt zum Beispiel eine Kommunikationstheorie der menschlichen Sprache*; sie reicht einfach nicht aus, um die beiden zuletzt genannten Funktionen, die im Verlauf der Evolution später auftraten, zu beschreiben und zu erklären. Sprache ist mehr als ein Kommunikationsmittel. Eine sprachlich formulierte Theorie enthält Implikationen, die ihr Hersteller nicht zum Ausdruck bringen konnte und wollte. Theorien sind – so Popper – »im wesentlichen argumentative Systeme von Sätzen« (A 105), zwischen denen logische Beziehungen bestehen, die sich nicht auf psychologische oder physiologische Prozesse zurückführen lassen.

Diese *relative Autonomie sprachlicher Gebilde* spielt in Poppers Spätphilosophie, in seiner Drei-Welten-Lehre, eine wichtige Rolle (vgl. Kap. 10).

Die Sprache erlaubt es uns also, die Versuch-Irrtum-Methode auf Theorien anzuwenden, ohne daß die Erfinder der Theorien – die Menschen – direkt getroffen werden. Wir versuchen, die Theorien an unserer Stelle sterben zu lassen (OE 140). Mit der *Entkoppelung von Wissen und organismischen Strukturen* ist eine neue Ebene der Evolution erreicht. Um diese exosomatische Evolution voranzutreiben, bedarf es der Kritik – die Kritik entspricht als Selektionsmechanismus der natürlichen Auslese, die auf der Ebene der biologischen Evolution wirksam ist.

3.2 Die regulative Idee der Wahrheit

Theorien, die zur Lösung bestimmter Probleme bzw. zur Beantwortung von Fragen erfunden werden, können an kritischen Prüfungen scheitern. Unsere Frage ist nun, warum die Kritik als Instrument der Selektion ihre Wirksamkeit überhaupt entfaltet. *Woran scheitern Theorien, wenn sie unserer Kritik nicht standhalten?*

Auf der Ebene der biologischen Evolution sind es ja die Umgebungsbedingungen – z. B. die Schwerkraft oder das Verhalten der Beutetiere –, an denen die Organismen häufig zugrunde gehen.

Mit kritischen Prüfungen, insbesondere mit Widerlegungsversuchen, bemühen wir uns darum, einen theorienvermittelten Selektionsdruck auszuüben. Auch wenn Theorien an den Erfahrungen scheitern, scheitern sie an theoriegetränkten Erfahrungen, letztlich an Theorien bzw. Hypothesen. Dieser Umstand hat keinen Einfluß darauf, daß die zur Prüfung anstehenden Theorien als solche – nämlich als sprachlich formulierte Gebilde – wahr bzw. falsch sein können. Wahrheit in diesem Sinne hat also nichts mit subjektiven Prozessen zu tun, etwa dem Gefühl, der Wahrheit ganz nahe zu sein. Die Wahrheit ist – ebenso wie die Falschheit – »fundamental eine Eigenschaft von sprachlich formulierten, beschreibenden Sätzen« (GE XXV). Diese Eigenschaft existiert unabhängig von den Überzeugungen, Motiven, Interessen und Ängsten, die bei der Konstruktion von Theorien oder den Widerlegungsversuchen eine Rolle gespielt haben.

Poppers Theorie der Wahrheit geht auf Tarski zurück, der Anfang der dreißiger Jahre den Vorschlag machte, streng zwischen *Meta- und Objektsprache* zu unterscheiden.[21] Es lassen sich nicht nur Aussagen über die Wirklichkeit konstruieren, sondern auch Aussagen über Aussagen – und zwar ohne formalen Aufwand in der natürlichen Sprache. Zum Beispiel gehört die folgende Aussage der Metasprache an: »Der Satz ›Die Evolution verläuft ohne Ziel‹ ist wahr.« Wahr sind Sätze dann, wenn sie mit der Wirklichkeit übereinstimmen – dies tun sie (oder auch nicht), um es noch einmal zu betonen, unabhängig von unseren Wünschen, Ängsten und Interessen. Als Beispiel betrachten wir die religiösen Gruppierungen, die die Evolutionstheorie entschieden ablehnen und, wie in den Vereinigten Staaten, die Lehrpläne an Schulen in diesem Sinne beeinflussen wollen.

Nehmen wir einmal an, es gelänge ihnen, die Evolutionstheorie vollständig zurückzudrängen und eine Alternative durchzusetzen. Dennoch könnte die Evolutionstheorie – oder ein Teil derselben – wahr sein. Die Qualität der Theorie als solche hängt nicht von religiös motivierten Aktionen und wissenschaftspolitischen Entscheidungen ab. Selbstverständlich könnte die Evolutionstheorie – oder ein Teil derselben – tatsächlich falsch sein. Aber auch dieser Umstand hängt nicht vom Erfolg der genannten Gruppierungen ab. Für Popper ist die Wahrheit daher objektiv, *sie entzieht sich menschlicher Verfügbarkeit*. Die Einführung einer Metasprache räumt nach seiner Auffassung die Schwierigkeit aus dem Weg, die in der Frage liegt, wie wir uns die Beziehung bzw. die Korrespondenz zwischen Satz und Tatsache vorzustellen haben.

»Wenn man also eine Metasprache hat, in der man nicht nur *über Sätze* reden kann, sondern in der man auch *Tatsachen* wie eine hier schlafende Katze beschreiben kann, so wird es geradezu trivial, daß und wie man von der Korrespondenz zwischen Sätzen und Tatsachen reden kann« (GE XXIII): Der Satz »Hier schläft eine Katze« korrespondiert mit den Tatsachen dann, und nur dann, wenn eine Katze hier schläft – und zwar unabhängig davon, ob wir dies überprüfen können und wie sicher wir uns dessen sind.

4. Wissenschaft

4.1 Einheit und Vielfalt der Wissenschaften

Alle Wissenschaften haben die vorrangige Aufgabe, nach der Wahrheit zu suchen, nach Theorien, die sich im Kreuzfeuer der Kritik bewähren. Selbstverständlich schätzen – oder fürchten – wir die Wissenschaften auch (vielleicht sogar vor allem) wegen anderer Leistungen. So betrachten wir deren Erkenntnisse möglicherweise als *Instrumente*, um beispielsweise furchtbare Krankheiten unter unsere Kontrolle zu bringen. Und tatsächlich sind die vorläufigen Erkenntnisse der Wissenschaft, also die Theorien, auch Instrumente – aber nicht ausschließlich; denn wir verbinden mit ihnen einen Anspruch auf Wahrheit. Wenn wir Kritik üben, treffen wir eine Unterscheidung zwischen der instrumentalen Komponente und der Qualität der Theorien. So gibt es Menschen, die die Genforschung wegen der damit mutmaßlich verbundenen Risiken ablehnen, ohne zu bestreiten, daß mit dieser Forschung echte Erkenntnisfortschritte erzielt werden können.

»Die fundamentale methodologische Idee, daß wir aus unseren Irrtümern lernen, kann nicht ohne die regulative Idee der Wahrheit verstanden werden: Der Irrtum, den wir begehen, besteht ja eben darin, daß wir, mit dem Maßstab oder der Richtschnur der Wahrheit gemessen, das uns gesetzte Ziel, unseren Standard, nicht erreicht haben.« (AdS 92)

In verschiedenen Arbeiten verteidigt Popper den *Realismus*, also die metaphysische These, derzufolge es Strukturen und Prozesse gibt, die unabhängig von den erkennenden Menschen existieren. Die Welt hat schon vor uns – also ohne uns – existiert, und wenn *wir* sterben, verschwindet nicht die Welt.

Anders als der Instrumentalismus, alle Spielarten des Idealismus und der sog. radikale Konstruktivismus (auf den wir im 11. Kapitel kurz eingehen) liefert der Realismus eine Antwort auf die Frage, warum Theorien zuweilen scheitern: Sie scheitern, weil sie falsch sind, weil sie die Realität nicht richtig darstellen. Zwar sind es die Menschen, die mit Hilfe von Hypothesen einen Selektionsdruck ins Spiel bringen, aber Theorien scheitern an etwas, das die Menschen nicht selber (vollständig) gemacht haben.[22]

Angesichts der Vielfalt der Wissenschaften, der unterschiedlichen Probleme und Methoden läßt sich die Idee der Einheitswissenschaft nicht aufrecht erhalten, jedenfalls nicht so, wie sie von den Positivisten vertreten wurde.[23] Was aber alle Wissenschaften eint, ist die Suche nach Wahrheit in dem eben erläuterten Sinne. Popper charakterisiert darüber hinaus die Entwicklung der Wissenschaft mit dem folgenden Schema (OE 315):

$$P_1 \to VT \to FB \to P_2$$

»P« bedeutet Problem, »VT« vorläufige Theorie und »FB« hypothesengeleitete Fehlerbeseitigung.

Unter anderem soll dieses Schema zeigen, daß sich die Probleme fortpflanzen. Neue Theorien und Widerlegungsversuche führen zur *Entdeckung neuer Probleme*. Dieser Prozeß wird von den verschiedenen wissenschaftlichen Disziplinen durchaus unterschiedlich realisiert.

In dem 1956 geschriebenen Vorwort zu seinem Buch *Realism and the Aim of Science* berichtet Popper, er beginne wissenschaftstheoretische Vorlesungen normalerweise mit der Behauptung, die wissenschaftliche Methode gebe es überhaupt nicht. Was wirklich – im Sinne des Realismus – existiert, sind Probleme. Insbesondere scheint es keine Methode zu geben, um eine wissenschaftliche Theorie zu entdecken, und auch keine Methode, mit deren Hilfe wir die Wahrheit feststellen können (also keine Verifikation). Ebensowenig verfügt die Wissenschaft über ein Verfahren, das es erlaubt, Hypothesen wahrscheinlicher zu machen (PS$_1$ 6). *Die allen Wissenschaften gemeinsame Methode besteht aus einem Wechselspiel von Hypothesenkonstruktion und kritischer Prüfung*, das in den einzelnen Disziplinen auf jeweils verschiedene Weise in Gang gebracht wird.

Gänzlich verfehlt wäre es, alle Wissenschaften am Vorbild der Naturwissenschaft, insbesondere der Physik, zu orientieren (PS$_1$ 7) – wobei es ja auch innerhalb der Naturwissenschaften disziplinenspezifische Arbeitsformen gibt. Die Produkte der Wissenschaft – die Hypothesen – lassen sich auch nicht auf eine für alle Disziplinen verbindliche Struktur festlegen, z. B. auf Wenn-Dann-Sätze. Die Evolutionsbiologie, die Geschichtswissenschaft und die Festkörperphysik beispielsweise stellen jeweils andere Fragen und erforschen spezifische Wirklichkeitsbereiche – die Lösungsversuche müssen an den Problemen orientiert sein, an Problemen, die in vielen Fällen unerwarteterweise auftauchen. Das gilt entsprechend auch für das *vermeintliche Ideal der Exaktheit*; die Exaktheit darf nicht um ihrer selbst willen gefordert, sie muß vielmehr in Abhängigkeit von den zu lösenden Problemen versuchsweise festgelegt werden.

Die Hauptaufgabe – aber durchaus nicht die einzige Aufgabe – der Wissenschaft besteht allgemein gesprochen darin, gut prüfbare Erklärungen zu erfinden (einige Besonderheiten der Geisteswissenschaften erörtern wir unter 4.4). Solche Erklärungen führen aber nicht, wie manchmal behauptet wird, das Unbekannte auf das Bekannte zurück. Im Gegenteil: Mit Hilfe neuer, kühner Hypothesen, etwa dem sog. *Gravitationsgesetz*, werden einigermaßen vertraute Phänomene, wie der Fall eines Apfels, zu erklären versucht.

4.2 Werte und Werturteile

Zu den Voraussetzungen des Unternehmens Wissenschaft gehört unter anderem auch ein bestimmtes Berufsethos. Gelegentlich weisen die Forscher selber auf die *Wertbasis* ihrer Erkenntnispraxis hin. So schreibt beispielsweise der Biologe Mohr:

»Der Wissenschaftler ist primär dafür verantwortlich, daß sich wissenschaftliche Sätze an der Realität bewähren ... Die Wissenschaft geht davon aus, daß Erkenntnis *gut* ist ... Die Ethik des Wissens, das Gebot zu erkennen, muß über alle sie begrenzenden Verbote und Tabus triumphieren.«[24]

Es ist offensichtlich, daß das einst vieldiskutierte Postulat der Wertfreiheit der Wissenschaft nicht auf die Forderung hinauslaufen kann, die institutionellen und personalen Bedingungen, unter denen Wissenschaft geschieht, neutral zu gestalten. Die Wissenschaft hängt von Werten ab, die in der Gesetzgebung und den Organisationsstrukturen eine Rolle spielen: Werte und Handlungen, die mit Werten in irgendeiner Weise zusammenhängen, gehören selbstverständlich auch zum Objektbereich mehrerer wissenschaftlicher Disziplinen. Zum Beispiel ist es eine interessante Frage, wie Werte überhaupt entstanden sind.

Das vieldiskutierte *Prinzip* oder *Postulat der Wertfreiheit* bezieht sich ausschließlich auf die Produkte der Wissenschaft, also die Aussagen. Die Wahl bestimmter Forschungsgegenstände dürfte in vielen, vielleicht sogar in den meisten Fällen von außerwissenschaftlichen Interessen und Wertgesichtspunkten beeinflußt sein. Pharmazeutische Industrien beispielsweise forcieren die AIDS-Forschung in der Hoffnung, mit Medikamenten, die sie unter Zuhilfenahme neuer Theorien entwickeln, hohe Gewinne zu erzielen. Doch bei der Formulierung und der Überprüfung der Theorien selbst sollten derartige Anliegen ausgeblendet werden. Eine so verstandene Wertfreiheit dürften auch viele (keineswegs alle) Auftraggeber von Forschungsvorhaben nicht zuletzt im eigenen Interesse akzeptieren.

»Was möglich ist und was wichtig ist und was der Wissenschaft ihren besonderen Charakter gibt, ist nicht die Ausschaltung, sondern die Unterscheidung jener nicht zur Wahrheitssuche gehörenden Interessen von dem rein wissenschaftlichen Interesse an der Wahrheit.« (AdS 89)

Aus evolutionstheoretischer Perspektive können wir das methodische Postulat der Wertfreiheit – oder besser: der Werturteilsfreiheit – *als eine Strategie deuten, die den Selektionsdruck eindeutiger macht, also die Theorienauslese erleichtert.* Denn diejenigen, die Erkenntnisfortschritte wünschen, wollen in erster Linie wissen, ob eine Theorie wahr ist bzw. ob sie einen adäquaten Problemlösungsvorschlag darstellt.

Welchen Interessen und sonstigen Gegebenheiten sie ihre Entstehung verdankt, ist eine andere, unter Umständen aber durchaus interessante Frage, wie beispielsweise die wissenssoziologische Studie von Dirk Käsler[25] über die frühe deutsche Soziologie zeigt. Bestimmte Werthaltungen, bestimmte Interessen etc. sind aber keine plausiblen Indizien dafür, daß eine vorgeschlagene Theorie zum Erkenntnisfortschritt beiträgt. Durch die Kritik versuchen wir einen theoriegetränkten Selektionsdruck zu erzeugen. Es gelingt ohnehin nicht, die Theorien direkt mit der Realität kollidieren zu lassen. Wir können lediglich versuchen, Teile der Realität hypothetisch ins Spiel zu bringen. Der Selektionsdruck ist also ohnehin nicht immer eindeutig. Die geforderte Werturteilsfreiheit soll die zur Prüfung anstehenden Theorien *angreifbarer* machen. Die Kritik hat es leichter, wenn sie nicht auch noch Wertgesichtspunkte, leitende Interessen, die Klassenlage usw. in Rechnung stellen muß. Dies schließt keineswegs aus, die Entstehungsbedingungen von Theorien zu untersuchen, um herauszufinden, welche wissenschaftsexternen Faktoren auf die Konstruktion möglicherweise Einfluß nehmen.

4.3 Aussagen statt Begriffe

Einer verbreiteten Auffassung zufolge hängt das Zustandekommen rationaler Kritik von sorgfältig gewählten Begriffen
ab. Und wer kennt nicht die zahlreichen wissenschaftlichen
Arbeiten, die mit Begriffserläuterungen beginnen – und sich
zuweilen auch darauf beschränken. Popper hält dagegen, daß
unser Wissen über die Wirklichkeit nicht zunimmt, wenn wir
neue Begriffe erlernen. Denn ein Begriff ist eine Abkürzung
für einen längeren Ausdruck. Statt beispielsweise zu sagen
*»Stoffwechselprodukt der Bienen, das der Ernährung ihrer
Nachkommen dient«*, sagen wir einfach »*Honig*«. Um diesen
Begriff zu verstehen, müssen wir die in der Definition vor-
kommenden Begriffe bereits verstanden haben. Diese wiederum sind undefiniert, so daß sofort eine Definition einzel-
ner Begriffe – wie *Stoffwechselprodukt* oder *Nachkommen* –
verlangt werden kann. Ebensowenig wie Begründungen gelangen Definitionen an ein Ende. »Daraus folgt, daß in der
Wissenschaft *alle wirklich notwendigen Begriffe undefinierte
Begriffe sein müssen.*« (OG 26) Die Orientierung an Begriffen richtet nur Schaden an, obgleich es manchmal – in Abhängigkeit von bestimmten Problemstellungen – notwendig ist,
einen Begriff zu erläutern oder zu präzisieren. »Erkenntnisse
können nur durch Sätze dargestellt werden, nicht durch
Begriffe.« (GE 242) Daher sollten wir uns am *Sinn von
Aussagen* und nicht an der Bedeutung der verwendeten Begriffe orientieren. Wir verstehen zum Beispiel den Sinn des
Satzes »Wenn der Sommer verregnet ist, erzeugen die Bienen
weniger Honig«, obwohl uns momentan vielleicht keine
(zufriedenstellende) Definition für *Honig* einfällt. Wir verstehen diese Aussage, weil uns in etwa klar ist, was sie über die
Welt behauptet, welche Ereignisse sie ausschließt. Der Sinn
der Aussagen scheint nicht von der Bedeutung der Begriffe
abzuhängen (OG 27). Deshalb empfiehlt Popper, Diskussionen über Begriffe möglichst rasch in Diskussionen über Sätze
umzuwandeln. Wir erörtern also – um ein Beispiel von

Musgrave anzuführen[26] – nicht die Bedeutung des Begriffs *Elektron*, sondern wir fragen: Was behauptet die Theorie der Elektronen, was behaupten Aussagen, in denen *Elektron* vorkommt, über die Wirklichkeit? Dieser Vorschlag Poppers gilt entsprechend für Begriffe, mit denen wir Ziele und Werte benennen.

So taucht in Debatten über eine gerechtere Verteilungspolitik sofort die Frage auf, was man unter *Gerechtigkeit* zu verstehen habe. Nun gibt es sehr viele Gerechtigkeitsbegriffe, angefangen bei Platon, bis hin zur Grundwertekommission der SPD, die sich beträchtlich voneinander unterscheiden. Statt über den richtigen Begriff zu streiten, den es gar nicht gibt, sollen die Kontrahenten einfach beschreiben, wie sie sich eine gerechtere Verteilung vorstellen. Diese Aussagen – also Aussagen darüber, was sein soll (normative Aussagen) – können dann einer kritischen Prüfung unterworfen werden. (Auf die hierfür infrage kommenden Mittel der Kritik gehen wir unter 5.2 ein.) Mit dieser relativ wenig beachteten Strategie richtet sich Popper insbesondere gegen die These, daß Begriffe auf das Wesen der Dinge hinweisen oder sogar wesentliche Eigenschaften der Welt widerspiegeln.

4.4 Die zunehmende Fremdheit des Wissens

Die zentralnervösen Strukturen, die Erkenntnisvorgänge ermöglichen, sind das Ergebnis eines seit Jahrmillionen ablaufenden Naturprozesses, ein Ergebnis, das sich in einer *Welt der mittleren Dimensionen*[27] im großen und ganzen bewährt hat. Das in diesen Strukturen verkörperte a priori-Wissen können wir sprachlich rekonstruieren und kritischen Prüfungen unterwerfen. Die exosomatische Evolution des Wissens geht über die in den Organen enthaltenen Gegebenheiten hinweg. Das aber bedeutet, daß wir diese strukturellen Grenzen überschreiten. Mit Theorien versuchen wir, Realitätsbereiche einzufangen, denen gegenüber die zentralnervösen Mechanismen blind sind. Eine Folge dieses Prozesses ist die zunehmende Fremdheit von Wissensbeständen. Immer mehr Erkenntnisse sind *unanschaulich und kontra-intuitiv*. Vor allem widersprechen sie vielen Erfahrungen.

Auch dieser Umstand deutet darauf hin, daß wir alle empiristischen Varianten der Erkenntnistheorie, die unsere Theorien in der einen oder anderen Weise auf der Erfahrung aufbauen wollen, aufgeben müssen. Selbst Wahrnehmungen, die mit starken Gewißheitserlebnissen einhergehen, werden korrigiert, entwertet durch abstrakte Theorien. Die Tendenz, mit Theorien die Wahrnehmungs- und Erfahrungsmöglichkeiten zu überschreiten, läßt sich nicht nur bei den eindeutig unanschaulichen Theorien der modernen Physik – wie z. B. der Relativitätstheorie – feststellen; sie macht sich auch schon bei älteren Theorien bemerkbar. Denn eine wichtige Aufgabe von Theorien ist es ja, das Zustandekommen von Erfahrungen zu erklären. *Unanschaulichkeit* und *Fremdheit* von Theorien sollten unterschieden werden. Unanschaulichkeit hat Fremdheit zur Folge, aber auch anschauliche Theorien können fremd anmuten. Während die Unanschaulichkeit also mit den Grenzen unseres Wahrnehmungs- und Vorstellungsvermögens zusammenhängt, ist die Fremdheit mehr kulturabhängig. Fremd anmutende Theorien können uns im Laufe der Zeit vertraut werden, unanschauliche Theorien bleiben unanschaulich, auch wenn wir uns an sie gewöhnen. So ist die kopernikanische Theorie, derzufolge die Erde um die Sonne kreist, nicht prinzipiell unanschaulich, aber sie kollidiert mit vielen alltäglichen Beobachtungen. Wir erleben doch eine ruhende Erde, auf der man Häuser, ja sogar Kartenhäuser bauen kann. Und intuitiv überzeugend ist wohl die Vermutung, daß alle Objekte, die nicht fest mit der Erde verbunden sind, wie z. B. Wolken, zurückbleiben müßten, wenn sich die Erde bewegte.[28]

Beobachtungen dieser Art wurden stets ins Feld geführt, um den Stillstand der Erde zu beweisen bzw. empirisch zu stützen. Aber wie alle Erfahrungen sind auch die eben angedeuteten mit mehreren Theorien verträglich – hier haben wir ein weiteres Argument gegen die Idee einer sicheren empirischen Basis. Gerade diejenigen Vermutungen, die uns unabweisbare, starke Erfahrungen nahezulegen scheinen, erweisen sich oft als falsch. Im Verlauf der Wissensevolution wird die *Kluft zwischen Erfahrungen und Theorien* größer.

4.5 Geisteswissenschaften

An dieser Stelle taucht fast zwangsläufig die Frage auf, ob das, was gerade behauptet wurde, auch für die Geisteswissenschaften gilt. Nach der bekannten Ritter-Marquard-These[29] betreiben die Geisteswissenschaften, vor allem aber die Geschichtswissenschaften, ein Kompensationsgeschäft. Angesichts des beschleunigten sozialen Wandels in der modernen Welt, in dessen Verlauf immer mehr Gegebenheiten immer schneller veralten, erinnern die kompensatorisch arbeitenden Disziplinen an das Vergangene und reparieren so Traditionsabrisse. Wenn das zutrifft, dann beteiligen sich die Geisteswissenschaften womöglich nicht an Wissensfortschritten, die zu einer größeren Fremdheit unserer vorläufigen Erkenntnisse führen.

Poppers Ansichten über die Geisteswissenschaften können wir so zusammenfassen: Er behauptet einerseits, daß es deutliche Unterschiede zwischen geisteswissenschaftlichen und anderen Disziplinen gibt. Andererseits verwendet er das oben zitierte allgemeine Schema $P_1 \rightarrow VT \rightarrow FB \rightarrow P_2$ auch, um die Geisteswissenschaften zu charakterisieren. Doch deren Theorien beziehen sich zumeist auf sprachlich fixierte Produkte und andere Ergebnisse kultureller Aktivitäten sowie auf die mutmaßlichen Theorien von Akteuren, die die Geisteswissenschaftler zu rekonstruieren versuchen. Zumindest sollte dies nach Popper der Fall sein. Er wendet sich gegen

hermeneutische Ansätze, die das Hauptproblem der Geisteswissenschaften darin sehen, subjektive Befindlichkeiten
nachzuvollziehen und die Akte der Herstellung (etwa eines
Kunstwerks) zu verstehen. Popper macht dagegen den Vorschlag, Problemsituationen zu verstehen, d. h. hypothetisch
zu rekonstruieren. Zu den Bestandteilen von Problemsituationen gehören insbesondere die Annahmen, von denen sich
die handelnden Personen leiten lassen. Die geisteswissenschaftlichen Aussagen haben demnach (häufig) einen *meta-
theoretischen* Status. Es sind Theorien über Theorien. Insbesondere in historischen Untersuchungen sollten Hypothesen
über P_1, VT, FB und P_2 (die Elemente des Popperschen
Schemas) entwickelt werden. In den Produkten menschlichen
Handelns – und zwar vor allem in den Theorien – ist mehr
und teilweise auch anderes enthalten, als die Hersteller aus-
drücken wollten. Die Geisteswissenschaften haben es mit den
Produkten der exosomatischen Evolution zu tun, mit Gegenständen also, die sich nicht auf psychische oder physiologische Prozesse reduzieren lassen und die gerade im Rückblick
andere Deutungen zulassen als diejenigen, die ihre Erzeuger
gebilligt hätten. Popper erläutert dies an einem Beispiel,
nämlich an Galileis Theorie der Gezeiten; Popper will uns
damit einen exemplarischen Fall historischen Verstehens vor-
führen (Ads 185).[30]

Auch Erkenntnisfortschritte in den Geisteswissenschaften
kommen dadurch zustande, daß Hypothesen – und zwar
auch die Deutungshypothesen, die sich auf Texte beziehen –
kritisch geprüft werden. Aus diesem Grund können geistes-
wissenschaftliche Disziplinen die erwähnte kompensatori-
sche Leistung nicht oder nur teilweise erbringen – das scheint
jedenfalls die Folgerung zu sein, die wir aus Poppers Darstellung ziehen müssen.[31] Denn Geisteswissenschaftler betreiben
ebenfalls ein kritisches und damit zuweilen auch ein destruk-
tives Geschäft. Zwar sind die Hypothesen der Geisteswissenschaften nicht so abstrakt wie die anderer Disziplinen, aber
sie können – und das ist hier entscheidend – *mit vertrauten*

Annahmen, Erzählungen und Deutungen kollidieren. Betrachten wir ein Beispiel. Viele der verbreiteten Vorstellungen über die Person und das Leben Mozarts sind in den letzten Jahren durch interdisziplinäre Forschungen, an denen Geisteswissenschaftler beteiligt waren, erschüttert worden. Ein kleines Stück Vergangenheit, eine Phase der Musikgeschichte, wird heute auf eine neue Weise erzählt. Bekannte Texte, z. B. Briefe von Mozart, müssen neu interpretiert werden – im Lichte von Hypothesen, die zur Entzauberung der Person Mozarts beigetragen haben.

4.6 Grenzen der Wissenschaft

Abschließend erörtern wir zwei Problemfelder, die auf verschiedene Weise mit etwaigen Grenzen der Wissenschaft zu tun haben. Das erste Problem bezieht sich auf die Grenzziehungen zwischen den Disziplinen. Wie kommt eine Disziplin zu ihrem Gegenstand, und wie haben wir uns die Abgrenzung gegenüber den jeweils anderen wissenschaftlichen Fächern vorzustellen?

Die richtige Festlegung des Objekts einer Wissenschaft wird von manchen Autoren als eine entscheidende Voraussetzung für das Zustandekommen von Erkenntnisfortschritten betrachtet. Es gibt Disziplinen, wie etwa die Pädagogik, die besonders intensiv die Frage nach dem Gegenstand erörtern. Bei allen Bemühungen dieser Art wird in der Regel davon ausgegangen, daß spezifische Seinsbereiche existieren, die jeweils besondere Methoden erforderlich machen und natürlich auch Hypothesen, die auf die jeweiligen Bereiche bezogen sind. Also hängen solche Gegenstandsbestimmungen von einer Theorie des Seins bzw. der Welt ab – wie vage die auch im Einzelfall sein mag. Darauf folgt schon: Die Grenzziehungen können nicht sehr stabil sein, weil sich die Theorien über die Welt im Laufe der Zeit ändern. Und vor allem verändert sich mit jedem neu entdeckten Problem der Gegenstandsbereich einer Disziplin – wobei das Ausmaß dieser Änderung durchaus gering, zuweilen aber auch beträchtlich sein kann. Selbstverständlich müssen – oder sollten – die Grenzen zwischen den Disziplinen durchlässig sein, d. h. vor allem: offen für die Kritik aus anderen Bereichen. Deshalb dürfen wir die vielfältigen Versuche, die Autonomie irgendeiner Disziplin nachzuweisen, nicht allzu ernst nehmen. In seiner *Offenen Gesellschaft* verteidigt Popper die Autonomie der Soziologie – er wendet sich damit gegen die These, die Soziologie könne auf die Psychologie zurückgeführt werden. Nach seiner Überzeugung sollte sich die Soziologie die vorrangige Aufgabe stellen, ungewollte Folgen (insbesondere auch institutionelle Folgen) menschlichen Handelns zu erklären.

In durchaus vergleichbarer Weise versucht der Biologe Ernst Mayr zu zeigen, daß die Biologie gegenüber der Physik bestimmte Probleme zu lösen hat und Theorien benötigt, die nicht auf physikalische Theorien zurückführbar sind.[32] Popper behandelte dieses Thema, wie wir unter 2.2 gesehen haben, bereits in seiner Dissertation. Im Unterschied zu manchen anderen Bemühungen, eine Disziplin gegen andere abzugrenzen, sollten wir Poppers und Mayrs Thesen als eine Kritik begreifen, die gegen ein enges Wissenschaftsverständnis gerichtet ist – etwa gegen die Auffassung, nur eine Wissenschaft, die universelle Gesetzeshypothesen hervorbringt, sei eine *richtige* Wissenschaft. Zumindest in der Vergangenheit hielten viele Physiker die Biologie für weniger wissenschaftlich. Mittlerweile haben die Physiker sogar das *Chaos* als ein Problem der Physik entdeckt – und damit, in der gerade beschriebenen Weise, den Gegenstandsbereich ihrer Disziplin verändert.

Oft verbergen sich hinter den Abgrenzungsversuchen, den Gegenstandsbestimmungen, wissenschaftspolitische Interessen und keine interessanten theoretischen Fragen. Wer läßt sich schon gerne Gegenstände bzw. Probleme von Vertretern anderer, zumeist benachbarter Disziplinen wegnehmen?

Ein »Ding-an-sich wie ein wissenschaftliches Fach« – so Popper – gibt es überhaupt nicht.

»Ein sogenanntes wissenschaftliches Fach ist nur ein abgegrenztes und konstruiertes Konglomerat von Problemen und Lösungsversuchen. Was es aber wirklich gibt, das sind die Probleme und die wissenschaftlichen Traditionen.« (AdS 84)

Das zweite unserer Grenzprobleme ist viel interessanter. Hierbei geht es nämlich um die Frage, ob es prinzipielle Grenzen der wissenschaftlichen *Erkenntnis* gibt – Schranken, die wir nicht zu überschreiten vermögen, Zusammenhänge in der Wirklichkeit, die wir mit unseren theoretischen Konstruktionen nicht erreichen. Popper betont in vielen Arbeiten das Ausmaß unseres Nichtwissens. Er fordert uns auf, die überlieferte sokratische Behauptung »Ich weiß, daß ich nichts weiß« ernstzunehmen. Das gesamte Wissen besteht eben aus vorläufigen Vermutungen, und jeder Erkenntnisfortschritt bringt neue Fragen, neue Probleme hervor. Aber damit ist keineswegs beantwortet, ob unüberschreitbare Erkenntnisschranken existieren. Auch wenn wir vieles nicht wissen und niemals wissen werden, folgt daraus nicht, daß uns aufgrund unüberwindbarer Grenzen das Wissen versagt bleibt. Das Nichtwissen könnte ja durchaus eine Konsequenz knapper Ressourcen sein – knapper Mittel und vor allem fehlender Zeit. Wie lange das Unternehmen Wissenschaft auch betrieben wird – die Zeit bleibt knapp unter der Voraussetzung, daß sich die Fragen fortpflanzen und das Wissen daher nicht abschließbar ist.

Ein Aspekt in diesem Zusammenhang stellt die *technologische Eskalation*[33] dar, die mit bestimmten Forschungsvorhaben in den Naturwissenschaften einhergeht. Beispiele hierfür sind die Teilchenbeschleuniger und die Teleskope der Astronomen oder auch das in der Oberpfalz entstehende – etwa 10 000 m tiefe – Bohrloch, über das sich nicht nur die Geologen freuen. Theorien über die Struktur und die Entstehung der Erde können mit Hilfe der Beobachtungen, die ein solches Projekt ermöglicht, besser geprüft werden. Und die neuen Beobachtungen veranlassen die Beteiligten womöglich, neue Theorien zu konstruieren. Doch der technische Aufwand und die damit verbundenen Kosten steigen mit zunehmender Bohrtiefe.

Andere postulierte Erkenntnisgrenzen führen uns zum *Relativismusproblem* (das wir unter 11 aufgreifen): Der Relativismus behauptet, daß die Gültigkeit der Erkenntnis standortabhängig sei – gebunden zum Beispiel an die jeweilige Kultur, an die Sprache, an spezifische soziale Bedingungen (FST 387). Obwohl der Gedanke, es müsse irgendwelche Grenzen der Erkenntnis geben, plausibel erscheint, hat es sich als sehr schwierig herausgestellt, unüberschreitbare Grenzen ausfindig zu machen. (Manche Leserinnen und Leser werden jetzt vielleicht sagen: Das ist doch ein weiteres Indiz für das Vorhandensein solcher Grenzen!) Eine Erklärung für diese Schwierigkeit liefert Poppers Theorie der exosomatischen Evolution. Die etwaigen Erkenntnisgrenzen *fallen eben nicht mit den Leistungsbeschränkungen der menschlichen Erkenntnisorgane zusammen* – viele Wissenschaften erzeugen bereits seit einiger Zeit Theorien, mit denen diese Beschränkungen überschritten werden. Die Evolution des Wissens läuft davon. Poppers »Erkenntnistheorie ohne erkennendes Subjekt« (OE 123) ist so gesehen ein Versuch, diese Situation zu erklären, zumindest begreiflicher zu machen.

5. Ethik

In diesem Kapitel spielen verschiedene Problemfelder eine Rolle, die sorgfältig unterschieden werden müssen. Einige der Probleme beziehen sich auf die Ethik selbst, etwa auf die Möglichkeiten rationaler Kritik an ethischen Aussagen (Meta-Ethik). Andere Fragen haben mit der Entstehung von Werten zu tun oder dem tatsächlichen Verhalten der Menschen. Die diesbezüglichen Hypothesen sind Bestandteile verschiedener Wissenschaften. Und schließlich behandeln wir einige Aspekte der Ethik, die nicht die Aufgabe hat, moralisches Verhalten zu erklären, sondern vernünftige Vorschriften, Normen für das Verhalten zu entwickeln.

5.1 Ethik ohne Fundament

Der Suche nach einem Fundament der Erkenntnis blieb der Erfolg versagt. Doch die Philosophen bemühten sich nicht nur um die Gewinnung sicheren Wissens, sondern auch um zweifelsfreie Begründungen in normativen Angelegenheiten. Sie hielten in beiden Fällen nach unfehlbaren Methoden und »autoritativen Quellen« (Popper) Ausschau. Popper zufolge waren es hauptsächlich zwei Quellen, aus denen die Philosophen zweifelsfrei das Gute zu schöpfen versuchten: zum einen subjektive Gegebenheiten wie Lust-Unlust-Gefühle, moralische Intuitionen oder den moralischen Sinn für das Richtige und das Verwerfliche (FST 389). Zum andern bemühten sie zuweilen eine Instanz, die *praktische Vernunft* genannt wird. Der Rekurs auf subjektive Befindlichkeiten entspricht in etwa den erkenntnistheoretischen Versuchen, das Wissen auf Erfahrungen, auf Sinneswahrnehmungen und Beobachtungen aufzubauen. Popper bestreitet entschieden, daß es autoritative Quellen gibt, die die Qualität der aus ihnen gewonnenen Normen und Werte garantieren. Aber – so seine These – wir brauchen keine Quelle dieser Art, um vernünftige Entscheidungen zu treffen. Alle Versuche, der Ethik ein Fundament zu verschaffen, haben noch geringere Erfolgsaussichten als die vergleichbaren Anstrengungen, die Wissenschaft auf eine sichere Basis zu stellen. Während wir immerhin versuchen können, Theorien an der Wirklichkeit scheitern zu lassen, haben wir diese Möglichkeit nicht, wenn es sich um normative Aussagen handelt. Die weiter oben erwähnte regulative Idee der Wahrheit hat folglich hier keine Bedeutung. Normative Aussagen sind weder wahr noch falsch. Ein »normatives Gesetz« – schreibt Popper in der *Offenen Gesellschaft* – »kann auch geändert werden. Wir können es gut oder schlecht, richtig oder unrichtig, annehmbar oder unannehmbar nennen. Aber ›wahr‹ oder ›falsch‹ ist es nur in einem metaphorischen Sinn, denn es beschreibt keine Tatsache, sondern legt Richtlinien für unser Verhalten fest. Es kann übertreten werden . . .« (OG₁ 92)

Übrigens hilft auch der Rückgriff auf die mutmaßlichen, in der menschlichen Natur verankerten Verhaltenstendenzen nicht weiter – also etwa auf »angeborene Werturteile« im Sinne von Konrad Lorenz.[34] Die Kluft zwischen Sein und Sollen – zwischen theoretischen und normativen Aussagen – tut sich sofort wieder auf, wenn wir die Frage stellen, ob solche Verhaltenstendenzen (oder die Wirkungen der ihnen womöglich zugrunde liegenden Gene) gut oder schlecht sind. Auch der Hinweis auf einen Gott – also auf eine ganz bestimmte autoritative Quelle –, der bestimmte Gebote erlassen habe, reicht nicht aus, um die Kluft zu schließen (FST 385). In diesem Fall können wir ja ebenfalls die Frage aufwerfen, ob die Gebote gut sind, ob sie – beispielsweise – in unserer hochkomplexen und dynamischen Welt geeignet sind, bestimmte (ethische) Probleme zu lösen.[35]

Deshalb geraten alle Ansätze einer sogenannten empirischen Ethik ebenfalls in Schwierigkeiten. Selbstverständlich ist es möglich und sinnvoll, Theorien über moralisches Verhalten, über die existierende Moral usw. zu erfinden und kritisch zu prüfen. Aber aus solchen wissenschaftlichen Bemühungen allein geht nicht hervor, was wir tun sollen. Zum Vergleich mit der Position Poppers betrachten wir noch einmal einige Aussagen von Moritz Schlick, der die Ethik als eine »Tatsachenwissenschaft« verstanden hat:

»Was als die letzten Normen oder die höchsten Werte gilt, muß der menschlichen Natur und dem Leben als Tatsache entnommen werden. Daher kann ein Resultat der Ethik nie mit dem Leben in Widerspruch stehen, kann nicht die im Leben zugrunde liegenden Werte für schlecht oder falsch erklären ... Wo dergleichen vorkommt, ist es ein sicheres Zeichen, daß der Ethiker seine Aufgabe mißverstanden und daher nicht gelöst hat ..., daß er sich in der Rolle des Erkennenden nicht wohl fühlt und lieber Schöpfer moralischer Werte sein möchte.«[36]

Popper hebt dagegen die schöpferische Rolle des Menschen beim Umgang mit Werten und Normen hervor. Sobald wir einen Wert, einen Maßstab, eine Vorschrift akzeptieren, verändert sich etwas in der Welt. Wir schaffen damit neue Gegebenheiten. Wenn wir andererseits einer Aussage zustimmen, die etwas über die Welt behauptet, konstruieren wir damit nicht die Zustände selbst, die die Hypothese feststellt oder erklärt. Für Popper ist dies ein Argument (das den Realismus vorauszusetzen scheint) für den »Dualismus von Fakten und Standards« (FST 383). Im Laufe der Wissensentwicklung, so haben wir festgestellt, entstehen immer häufiger Theorien, die den Menschen abstrakt vorkommen und ihren Intuitionen widersprechen. Aber auch im Hinblick auf die

Ethik dürften die moralischen Gewohnheiten und Intuitionen in vielen Fällen schlechte Ratgeber sein. Das hängt unter anderem wohl damit zusammen, daß sich die Bedingungen unseres Zusammenlebens gewandelt haben. Herkömmliche Wertvorstellungen und Verhaltensvorschriften finden nicht nur deshalb weniger Zustimmung, weil die Leute inzwischen andere Lebensmodelle gutheißen. Vermutlich geht auch aus kritischen Prüfungen hervor, wie unzulänglich einige Normen unter den veränderten Bedingungen sind. So scheint das Gebot »Du sollst nicht töten« unter anderem wegen der heute verfügbaren medizinischen Techniken einer kritschen Überarbeitung zu bedürfen – wie z. B. die aktuelle Debatte über Sterbehilfe zeigt.

5.2 Die Mittel rationaler Kritik

Obwohl normative Aussagen weder wahr noch falsch sein können, sind sie dennoch keine völlig willkürlichen Produkte, die uns vor blinde Entscheidungen stellen. Die Vernunft muß nicht kapitulieren. Zwar mag es oft vorkommen, daß Menschen blind bestimmten Normen folgen oder gewohnheitsmäßig bestimmte Werturteile fällen. Und sicherlich hängen unsere Ansichten über *gut* und *böse* unter anderem von den Einflüssen der Erziehung ab. Aber selbst gegenüber den Wirkungen vergangener Sozialisationsprozesse können wir uns kritisch und bewertend verhalten – obwohl wir ihnen vielleicht nicht zu entkommen vermögen.

Eine wichtige Voraussetzung für die kritische Prüfung von Normen, Werten und Lebensentwürfen ist es, die diesbezüglichen Ansichten sprachlich zu formulieren und sie nicht als unaufgebbare Bestandteile der eigenen Person zu betrachten. Wie wir im 3. Kapitel gesehen haben, eröffnet die Sprache die Option, Überzeugungen (Hypothesen, Werturteile usw.) von den Personen abzukoppeln. Popper macht darüber hinaus den Vorschlag, analog zur Idee der Wahrheit eine – zugegebenermaßen recht vage – regulative Idee des Guten oder des Richtigen zu postulieren. Die Vagheit dieser Idee spricht nicht gegen die Möglichkeit, daß eine solche Idee in kritischen Diskussionen eine Rolle spielt.

Für Ärzte und Patienten – und ganz besonders für Medizinsoziologen – ist das, was wir Gesundheit nennen, ebenfalls einigermaßen unbestimmt. Die Indizien, die verwendet werden, um die Gesundheit festzustellen, sind keineswegs unumstritten. Trotzdem dürften viele Bemühungen um die Erhaltung und die Herstellung der Gesundheit an einer entsprechenden Leitidee orientiert sein (FST 373). Auch diejenigen, die in erster Linie an die Gewinne denken, die ihre Produkte und Dienstleistungen erbringen, können normalerweise nicht umhin, gesundheitsfördernde Effekte in Aussicht zu stellen. Übrigens lassen sich auch bei der Bestimmung des Gesundheitszustands die darauf bezogenen subjektiven Befindlichkeiten – Gefühle, Intuitionen und Gewißheiten – der Patienten einer kritischen Prüfung unterwerfen. So mag ein Mensch das unbeirrbare Gefühl haben, völlig gesund zu sein. Bestimmte Befunde, wie etwa Blutwerte, die vor dem Hintergrund bislang bewährter Theorien erhoben und gedeutet werden, können zeigen, wie krank der Mensch tatsächlich ist. Das heißt wiederum nicht, daß subjektive Gegebenheiten nicht beachtet werden sollten. Auch sie sind unter Umständen Anlässe, neue Fragen zu stellen und Hypothesen zu entwickeln.

Ein wichtiger Bestandteil der kritischen Prüfung normativer Aussagen besteht darin, die mutmaßlichen Konsequenzen herauszuarbeiten, die sich einstellen, wenn diese Aussagen akzeptiert werden. Wir fragen also beispielsweise: Was würde sich ändern, wie würde die Welt aussehen, wenn alle Leute die Norm X befolgten? Die voraussichtlichen Konsequenzen unterziehen wir dann einer kritischen Bewertung. Dabei kann eine regulative Idee durchaus von Bedeutung sein. So kritisieren wir bestimmte Vorschläge vielleicht deshalb, weil nur wenige Menschen davon profitieren, während die Mehrheit leer ausgeht oder gar Schäden erleidet.

Zu einer vernünftigen Diskussion über ethische Angelegenheiten gehört unbedingt dazu, die »Wertaxiome«[37] (Max Weber), der die Beteiligten zustimmen, zu veröffentlichen. Weber vertrat bekanntlich die Auffassung, daß die Diskussion mit der Darstellung der zentralen Werte im Grunde beendet sei – jede Person wähle nun einmal die Werte, die für sie den Status unkorrigierbarer normativer Voraussetzungen haben. Doch warum sollte die Kritik an dieser Stelle verstummen? Denn die Entscheidung für bestimmte Werte hat Folgen, die wir feststellen und deren Vereinbarkeit mit anderen Werten, Zielen und Normen wir prüfen können. Popper unterstreicht die Ähnlichkeit zwischen einem Theorien- bzw. Hypothesenvergleich einerseits und einem Vergleich von Zielen, Normen und Lebensentwürfen andererseits:

»Sogar eine Lebensweise kann mit einer anderen fast in dem gleichen Sinne unvereinbar sein, wie eine Theorie mit einer anderen logisch unvereinbar ist. Diese Unvereinbarkeiten bestehen objektiv, auch wenn wir uns ihrer nicht bewußt sind. Und ebenso können unsere Absichten und Ziele genauso wie unsere Theorien miteinander konkurrieren und kritisch verglichen und diskutiert werden.« (A 285 f.)

Hans Albert hat die Verwendung von *Brückenprinzipien* vorgeschlagen, um die Kritik ethischer Überzeugungen mit Hilfe wissenschaftlicher Theorien zu erleichtern – ohne die grundlegende Differenz zwischen den Aussagen über das Sein und den Aussagen über das Sollen zu verwischen. Ein solches Brückenprinzip ist beispielsweise das *Kongruenz-Postulat*, welches fordert, ethische Auffassungen nicht mit Annahmen zu verknüpfen, die bewährten wissenschaftlichen Hypothesen widersprechen. Viele Ansichten über Gut und Böse sind ja beeinflußt von traditionellen Weltanschauungen oder Ideologien, für die typisch ist, die Unterscheidung zwischen Sein und Sollen zu verwischen. Eine Prüfung der

Vereinbarkeit beschreibender und erklärender Weltbildbestandteile mit wissenschaftlichen Theorien kann ethische Standpunkte erschüttern bzw. deren Korrektur veranlassen. Wie im Falle wissenschaftlicher Theorien sollte die kritische Überprüfung von Normen, Werten und Zielen eine Überprüfung von Aussagen bzw. Sätzen darstellen. Die *Zustimmung* von Personen, etwa von Teilnehmern eines *praktischen Diskurses*, die in der Diskursethik[38] eine wichtige Rolle spielt, ist nur ein schwaches Indiz für die Qualität der zu prüfenden Sätze. Auch fragwürdige Normen und Ziele finden die Zustimmung vieler Menschen.

Mit der Diskursethik teilt aber auch Poppers Ethik den Anspruch, nach vernünftigen Regeln zu suchen, die *kulturelle Grenzen überschreiten*. Und auch Jürgen Habermas versucht – ähnlich wie Popper –, die *Richtigkeit* von Normen bzw. Geboten in Analogie zur Wahrheit von Hypothesen («assertorischen Sätzen«, wie Habermas sagt) zu begreifen. Popper betont allerdings die *Unvermeidbarkeit von Entscheidungen*. Der »zwanglose Zwang des besseren Argumentes« (Habermas) kommt erst dann zum Zuge, wenn wir uns für die kritische Einstellung entschieden haben, wenn wir vernünftige Lösungen wollen. Damit treffen wir zugleich eine Entscheidung gegen strikt dezisionistische Positionen, die Entscheidungen für letzte, kritikimmune Ereignisse halten. Sicher gibt es auch unlösbare Wertkonflikte – dann ist die Darlegung der Unvereinbarkeiten, der Kollisionen von ethischen Standpunkten eine wichtige Aufgabe der Kritik. Aus alledem folgt, daß wir in der Lage sind, unsere ethisch relevanten Entscheidungen mit Hilfe kritischer Argumente einzugrenzen.

5.3 Der Kritische Rationalismus – Entwurf einer Lebensweise?

In seiner 1968 erschienenen Arbeit *Traktat über kritische Vernunft* hat Hans Albert die Auffassung vertreten, der Verzicht auf die Suche nach sicheren Begründungen und die damit zusammenhängende Entscheidung für die *Methode der kritischen Prüfung* sei für das menschliche Leben überhaupt von großer Bedeutung. »Das Rationalitätsmodell des Kritizismus ist der Entwurf einer Lebensweise, einer sozialen Praxis ...«[39] Wie stellt sich nun Popper selbst einen Menschen vor, der in seinem Leben die Konsequenzen aus der Philosophie des kritischen Rationalismus zieht? Ein solcher Mensch ist darum bemüht, die eigenen Ideen nicht als Bestandteile der Person bzw. der Identität zu begreifen – er schafft es, sich von ihnen zu distanzieren (AdS 162). Selbstverständlich versucht diese im Popperschen Sinne rationale Person, Entscheidungen mit Hilfe kritischer Argumente herbeizuführen; sie hat gelernt, auch Kompromisse zu akzeptieren. Die vernünftige Einstellung setzt außerdem »einen gewissen Grad von intellektueller Bescheidenheit« voraus.[40] Irrtümer sind nämlich immer möglich, und außerdem verdanken wir das eigene Wissen zum größten Teil anderen Menschen. Poppers rationale Person unterschätzt keineswegs die Wirkungen – und auch den Wert – der Emotionen. Sie betrachtet diese aber nicht als kritikimmune Instanzen – es scheint ja keine autoritativen Quellen zu geben. Stattdessen heißt unsere Person alle Quellen willkommen – Gefühle, Zeitungsnotizen, Theorien, Erfahrungen –, ohne eine davon mit besonderer Autorität auszustatten (CuR 24). Soweit mit Hilfe solcher Quellen Hypothesen gewonnen und Entscheidungen herbeigeführt werden sollen, sind kritische Prüfungen erforderlich.

Auch auf die Frage, wie der Mensch ein befriedigendes, als sinnvoll empfundenes Leben führen kann, hält Popper eine

Antwort bereit (AdS 150). Diese Antwort ist vor allem an der Idee der *Selbstbefreiung durch das Wissen* orientiert, also an einer Idee, die in der Tradition der Aufklärung steht. Zusammenhänge zwischen Erkenntnis und gutem Leben oder auch Glück haben seit der Antike viele Autoren vermutet – dabei stand allerdings oft die These im Vordergrund, ein endgültiges, unwandelbares Wissen verschaffe Ruhe und Erfüllung.[41]

Die Hoffnung, einen Sinn im Leben, in der Wirklichkeit zu *entdecken*, erfüllt sich nach Popper nicht. Poppers rationaler Mensch kann aber versuchen, dem Leben einen Sinn zu *geben*.

»Wir können durch unser Tun und Lassen, durch unsere Arbeit und unser Wirken, durch unsere Einstellung zum Leben, zu anderen Menschen und zur Welt, unser Leben sinnvoll machen. Damit wird die Frage nach dem Sinn des Lebens zu einer ethischen Frage. Sie wird zur Frage: Welche Aufgaben soll ich mir stellen, um mein Leben sinnvoll zu machen?« (AdS 150f.)

Aus den hier erwähnten Kenntnissen, Einstellungen und Verhaltensweisen unseres rationalen Menschen läßt sich übrigens auch eine bereichsspezifische *regulative Idee der Erziehung* entwickeln.[42]

Gegen den Anspruch, den kritischen Ansatz auf alle Lebensbereiche zu übertragen, werden einige Einwände erhoben, die wir folgendermaßen zusammenfassen können:

1. Eine kritisch-rationale Haltung mag im Wissenschaftsbetrieb angemessen sein. Kritik fördert den Erkenntnisfortschritt. Doch in anderen Bereichen und Situationen – etwa in der Familie oder während einer Zaubervorstellung – kann der kritisch-rationale Entwurf einer Lebensweise unangebracht, hinderlich sein.

2. In einer pluralistischen Gesellschaft gibt es viele konkurrierende Lebensweisen, und es soll sie auch geben. Die am kritisch-rationalen Erkenntnismodell orientierte Lebensweise ist nur eine unter vielen. Anhänger derselben dürfen sich nicht zum Richter über andere Lebensweisen erheben.

In einer freiheitlichen Ordnung sollte (im Idealfall) jeder Mensch diejenige Lebensweise wählen, die ihm gerade paßt.

Zu (1) ist zu sagen, daß weder Popper noch diejenigen, die (wie Bartley und Albert) den Fallibilismus kommentiert und modifiziert haben, eine *permanente* Kritik in allen Lebensbereichen empfehlen. Es geht vielmehr darum, die Option offenzuhalten, alle Bestandteile von Traditionen, Lebensentwürfen, Theorien und Alltagswissensbeständen kritisieren zu können. Und Popper schlägt einfach vor, die vernünftige Haltung niemals völlig aufzugeben – auch nicht in leidenschaftlichen Beziehungen.[43]

Gegenüber den unter (2) zusammengefaßten Bedenken ist anzumerken, daß eine rationale Praxis mit vielen konkreten Gewohnheiten, Vorlieben und Verhaltensmustern verträglich ist. Insofern haben wir es hier mit einem Meta-Standpunkt zu tun: mit der Empfehlung, die Problemlösungen, Einstellungen und Weltbilder, die im Kontext konkurrierender Lebensmodelle auftreten, nicht zu dogmatisieren. Es gibt keinen Grund, die Möglichkeiten kritischer Prüfung an einer bestimmten Stelle aufzugeben. So lassen sich eben auch Lebensmodelle kritisieren – beispielsweise das von Poppers Philosophie inspirierte Modell. Ein wichtiges Argument gegen diesen Entwurf einer Lebensweise bezieht sich auf die etwaigen Folgelasten, die die einzelnen zu tragen haben: Sind nicht doch viele Menschen überfordert, wenn sie, wie Ralf Dahrendorf es einmal formuliert hat,[44] akzeptieren sollen, in einem »Horizont der prinzipiellen Ungewißheit« zu leben? Damit dürften Geborgenheitsverluste einhergehen, die als persönliche Krisen erlebt werden können. Der kritisch-rationale Entwurf einer Lebensweise ist – ebenso wie viele andere Entwürfe – mit Wertkonflikten belastet, die vermutlich unauflöslich sind (A 164). Denn der Vorschlag, die Wahrheit als einen hohen Wert zu begreifen (an dem sich die Kritik orientieren sollte), führt in manchen Situationen zu Kollisionen mit anderen Werten. Es kann sehr schmerzhaft sein, mit der Wahrheit, d. h. mit Aussagen, für die Wahrheit beansprucht wird, konfrontiert zu werden – die Wahrheit beschädigt zuweilen menschliches Leben. Enttäuschungen und Irritationen waren zumindest für einige Menschen mit dem Siegeszug der Theorien von Kopernikus oder Darwin verbunden. Die Folgelasten der Erkenntnisfortschritte könnten uns indes noch darin bestärken, die Herstellung und Aufrechterhaltung solcher Bedingungen für besonders wichtig zu erachten, die es ermöglichen, Kritik anzumelden – auch an der Wissenschaft und an der regulativen Idee der Wahrheit. Diese Bedingungen sind in der *Offenen Gesellschaft* mehr oder weniger gut realisiert (vgl. Kap. 6).

Werner Becker hat darauf hingewiesen,[45] daß es *lebenspraktische Gewißheiten* gibt, die über längere Zeiträume der Kritik entzogen bleiben müssen. Ethische Grundüberzeugungen, bestimmte Alltagswissensbestände (wie z. B. Kochrezepte), aber auch religiöse Ansichten werden oft so behandelt, als ob sie kritikimmun wären. Becker schlägt vor, philosophische Absolutismen (die auch er ablehnt), von *lebenspraktischen Gewißheiten*, die er für unvermeidlich hält, zu unterscheiden. Zwar haben auch letztere einen hypothetischen Status, doch sie sind in einem gewissen Umfang lebensnotwendig. Die *lebenspraktischen Gewißheiten* stillen das tiefverwurzelte Bedürfnis der Menschen nach Sicherheit. Hierauf kann man meines Erachtens erwidern, daß oftmals gerade die sogenannten *lebenspraktischen Gewißheiten* vernünftigen Problemlösungen im Weg stehen. Denken wir nur an bestimmte festgefahrene Einstellungen oder Überzeugungen gegenüber Fremden oder an schwer korrigierbare *lebenspraktische Gewißheiten*, die die eigene Person betreffen, etwa die feste Annahme, immer der Verlierer sein zu müssen. Es gibt Hinweise darauf, daß eine solche Überzeugung Depressionen begünstigt.[46]

Psychologen, die kognitive Therapien entwickeln, untersuchen und anwenden, betonen die therapeutische Bedeutsamkeit der *Destruktion* bestimmter Ansichten, denen die Leute »mit tiefster Überzeugung anhängen«.[47] Es kann sich also für den einzelnen lohnen, auch die wie selbstverständlich akzeptierten Alltagsannahmen hin und wieder kritisch zu prüfen. Becker mag vielleicht sagen, solche »lebenspraktischen Gewißheiten« habe er eben nicht im Auge. Dann entsteht aber das Problem, wie man die einen von den anderen zu unterscheiden vermag – doch offenbar nur durch Vergleiche, durch kritische Prüfungen.

6. Gesellschaft

6.1 Die offene Gesellschaft

Poppers Theorie der *offenen Gesellschaft* hängt mit seinen erkenntistheoretischen Vorstellungen, insbesondere mit dem Fallibilismus, zusammen.[48] Den Gedankengang, der von der Erkenntnistheorie zur offenen Gesellschaft führt, können wir so zusammenfassen: An die Stelle des gescheiterten Ideals der Begründung tritt die Idee der Kritik. Offensichtlich werden aber nicht nur im Wissenschaftsbetrieb Probleme gelöst, Fragen gestellt und vorläufige Antworten gegeben. Auch in anderen Bereichen kommt man weiter, indem man Vorschläge macht und kritisch überprüft. Dazu bedarf es allerdings einer bestimmten Einstellung der handelnden Personen. Sie sind bereit, auf Dogmatisierungsversuche zu verzichten, und sie begrüßen kritische Argumente. Die rationale Haltung, die der einzelne einnehmen sollte, ist folglich genau die Haltung, die dem Umstand gerecht wird, daß es keine völlig sichere Theorie, keinen unfehlbaren Problemlösungsversuch geben kann. Aber es reicht natürlich nicht aus, wenn einzelne Menschen der Fehlbarkeit der menschlichen Vernunft Rechnung tragen. Die gesellschaftlichen Bedingungen müssen eine solche Einstellung ermöglichen und die Voraussetzungen für Ideenvielfalt und Kritik sicherstellen.

Die Thesen über die offene Gesellschaft sind zum einen im Sinne deskriptiver Aussagen zu verstehen, die sich auf Merkmale offener Gesellschaften beziehen. Zum anderen können sie als normative Aussagen interpretiert (bzw. in normative Aussagen umgewandelt) werden, die diejenigen Merkmale auszeichnen, die Ideenvielfalt und Kritik begünstigen und institutionell absichern. Deshalb liefert Poppers Theorie auch einen Leitfaden für die Kritik an Zuständen, die Vielfalt und Kritik begrenzen.

Die modernen westlichen Demokratien kommen dem Ideal der offenen Gesellschaft noch am nächsten, wobei Popper vor allem an England dachte, als er in der Emigration die Bücher *The Poverty of Historicism* und *The Open Society and Its Enemies* schrieb. Einige wesentliche Merkmale offener Gesellschaften sind die folgenden:[49]

1. An die Stelle starrer, abgesicherter Machtbereiche treten *marktförmige Institutionen*, die eine Zunahme von Mobilität zur Folge haben.
2. Außerfamiliäre Sozialisationsinstanzen, vor allem Bildungsinstitutionen, drängen den Einfluß der Herkunft auf die Lebenschancen in einem gewissen Umfang zurück.
3. Bestimmte institutionelle Vorkehrungen (z. B. Wahlen, das Recht, Parteien und Verbände zu gründen etc.) ermöglichen im Prinzip allen Bürgern die Mitwirkung an Entscheidungen, die die Gestaltung der Zukunft betreffen.
4. Die Bereiche der Moral, der Religion, der Wissenschaft und der Kunst entfalten ihre je eigene Dynamik, ohne voneinander völlig abgeschottet zu sein – ein Vorgang, den Max Weber als »Ausdifferenzierung von Wertsphären« bezeichnet hat. Insbesondere ist die Wissenschaft kaum mehr eine ideologische Stütze für bestimmte Machtverhältnisse, sondern ein Unternehmen, das Erkenntnis unabhängig davon produziert, ob diese auch schön und nützlich sind oder den Menschen Trost zu spenden vermögen.
5. Die Möglichkeit der Kritik wird institutionell garantiert und bleibt dabei nicht auf den Bereich der Wissenschaft beschränkt.

6. In offenen Gesellschaften gibt es institutionelle Vorkehrungen, die den interkulturellen Austausch von Gütern und Ideen sichern. Die »Diffusion fremder Techniken, Weltbilder und Institutionen«, so Giesen,[50] steigert die Vielfalt und beschleunigt das Wandlungstempo.

Wichtig ist in diesem Zusammenhang, daß die, wie Popper sagt, »Ausdehnung« der kritischen Einstellung nicht darauf hinausläuft, der Gesellschaft eine einigende Idee überzustülpen. Der Wunsch nach einer Ordnung verheißenden Idee stellt ein Risiko dar – er begünstigt autoritäre Einstellungen und totalitäre Strukturen. Popper erinnert daran, »daß der Terror des Rationalismus, der Religion der Vernunft, wenn möglich noch schlimmer war als der des christlichen oder des mohammedanischen oder des jüdischen Fanatismus. Eine echt rationalistische Gesellschaftsordnung ist ebenso unmöglich wie eine echt christliche, und der Versuch, das Unmögliche zu verwirklichen, muß hier zumindest zu denselben Scheußlichkeiten führen.« (AdS 240)

Vielleicht hängen die immer wieder auflebenden Wünsche nach einem einigenden Band, einer Macht, die weltanschauliche Ordnung herstellt, mit anthropologischen Gegebenheiten zusammen, die sich unserer Verfügbarkeit entziehen. Das haben etliche Philosophen und Anthropologen jedenfalls behauptet. Schopenhauer, um nur ein Beispiel zu nennen, vermutete ein »metaphysisches Grundbedürfnis«, das in der menschlichen Natur verankert sei. In offenen Gesellschaften scheint es schwierig zu sein, Bedürfnisse dieser Art zu stillen. Das ist – zumindest aus der Perspektive derjenigen, die dies als Mangel empfinden – eine Folgelast offener Gesellschaften. Auf dieses Problem antwortet Popper mit seinen Thesen über die »abstrakte Gesellschaft«, die 1950 publiziert wurden.[51] Die Abstraktheit hängt natürlich mit den genannten Merkmalen offener Gesellschaften zusammen. Für den einzelnen Menschen haben sie Undurchschaubarkeit und Unübersichtlichkeit der gesellschaftlichen Prozesse zur Folge. Popper weist insbesondere darauf hin, daß viele konkrete soziale Gruppen innerhalb der großen gesellschaftlichen Zusammenhänge keine Funktion mehr haben.

Obgleich Popper damals den Gedanken der exosomatischen Evolution noch nicht entwickelt hatte, enthält seine Theorie der abstrakten Gesellschaft einen Hinweis auf die unterschiedlichen Entwicklungstempi der biologischen und der kulturellen Evolution. Während sich die biologischen Strukturen des Menschen seit der Entstehung der Hochkulturen vermutlich nur noch geringfügig verändert haben,[52] unterliegen die gesellschaftlichen Bedingungen, die Lebensweisen und die Ideen einem ständigen Wandel. Das Auseinanderdriften biologischer und kultureller Evolution erklärt zum Teil die, wie Popper formuliert, »Last der Zivilisation«. Einen Aspekt dieser »Last« haben wir unter Punkt 4.4 schon kennengelernt: die Fremdheit und Abstraktheit vieler Teile des Wissens. Popper plädiert dafür, die »Last« zu tragen, wegen der vielen Vorteile offener Gesellschaften, insbesondere aber wegen der in ihnen möglich gewordenen Freiheiten.

6.2 Politik

Die Politik in offenen Gesellschaften hat zwei Aufgaben zu erfüllen:

1. Sie muß die Bedingungen stabilisieren, unter denen offene Gesellschaften fortbestehen können.
2. Sie muß die offene Gesellschaft verbessern, weiterentwikkeln.

Als Popper *The Poverty of Historicism* und *The Open Society and Its Enemies* schrieb, bedrohte der Nationalsozialismus nicht nur die westlichen Demokratien, sondern die ganze Welt. Popper selbst nennt diese beiden Arbeiten einen »Beitrag zum Krieg« (A 163) Sie waren »als eine Verteidigung der Freiheit gedacht – eine Verteidigung gegen totalitäre und autoritäre Ideen – und als eine Warnung vor den Gefahren des historizistischen Aberglaubens« (A 163). Eine dieser autoritären Ideen entsteht als Antwort auf eine unzulängliche Frage, auf die Frage nämlich: *Wer soll regieren? Wer soll die Macht haben?*

Wenn wir die Frage so stellen, begeben wir uns auf die Suche nach irgendwelchen Eliten, nach Menschen oder Menschenmengen, die eine oder mehrere vorzügliche Eigenschaften besitzen. Und tatsächlich finden wir ohne weiteres unterschiedliche Vorschläge, mit denen die genannte Frage beantwortet wird: ein weiser Philosoph (natürlich ein Mann), ein aufgeklärter Herrscher, die Arbeiterklasse, das Volk, die Frauen. Ebenso wie wir die Frage nach der richtigen Erkenntnisquelle aufgegeben haben, sollten wir auch die Frage, wer herrschen soll, aufgeben. Statt dessen versuchen wir etwa folgende Fragen zu beantworten: *Wie können die Herrschenden auf unblutige Weise abgelöst werden? Wie müssen die Institutionen eingerichtet sein, damit auch unfähige Machthaber relativ wenig Schaden anrichten können?* Popper zufolge antwortet die Demokratie genau auf diese Problematik – mit Hilfe bestimmter Regeln und Institutionen. Eine Theorie der Demokratie muß sich damit beschäftigen, sie muß berücksichtigen, daß Machtmißbrauch eher die Regel als die Ausnahme ist – eine solche Theorie enthält also auch eine (implizite) Anthropologie. Demokraten sind Leute, die die Hoffnung aufgegeben haben, es ließen sich – etwa mittels institutioneller Vorkehrungen – weise und gerechte Führer finden. Auch Eliten müssen sich an vorläufigen, häufig falschen Theorien sowie an ethischen Standpunkten orientieren, die kritischer Prüfungen bedürfen.

Noch heute ist die Vorstellung verbreitet, daß es vor allem darauf ankommt, gute Führer, gute Herrschende ausfindig zu machen. Als Popper an der *Open Society* arbeitete, wurde das Führerprinzip, das sich nicht nur auf die politische Macht bezieht, weithin akzeptiert – keineswegs machten sich nur die Nazis diese Idee zunutze, sie war vielmehr allgegenwärtig. Gutgemeinte Varianten finden wir in der sozialistischen Bewegung und sogar in der Reformpädagogik.

Weil das Problem der Zähmung der Macht so vordringlich ist, müssen die Methoden der Gewaltenteilung ständig verbessert werden, nicht zuletzt wegen neu entstehender Machtstrukturen. Auch diejenige Gewalt, die unter Umständen von Traditionen und Ideen ausgeht, bedarf einer Zähmung. Die Meinungsfreiheit, obgleich sie an sich einen Wert darstellt, ist eines von mehreren Mitteln, um diese Gewalt zu schwächen.

Ein weiteres Thesenbündel, das nach Popper eine riskante Politik hervorruft, bezeichnet er mit dem Ausdruck »Historizismus«. Historizistische Theorien enthalten die Annahme, daß es Geschichtsgesetze gibt, die uns (wenn wir sie erkennen) in die Lage versetzen, den Geschichtsverlauf vorherzusagen. Mit diesem Problem beschäftigen wir uns im 9. Kapitel.

Wegen der Fehlbarkeit der menschlichen Vernunft und den zahlreichen Nebenwirkungen menschlichen Handelns sollten politische Maßnahmen in kleinen Schritten erfolgen. Politische Aktivitäten erhalten eine Richtung, wenn sie an regulativen Ideen (etwa an *Grundwerten*) orientiert sind. Eine besondere Herausforderung liegt darin, möglichst vielen Menschen die Optionen offener Gesellschaften zugänglich zu machen. Neben der Linderung bzw. der Beseitigung materieller Not dient eine Bildungspolitik, die alle Menschen erreicht, diesem Ziel. Allerdings ruft auch eine solche Politik unerwartete und unerwünschte Nebenwirkungen hervor, die wiederum Anlässe für neue und vorläufige Problemlösungen bilden. Lorenz Schäfer betont in seinem Buch über Popper,[53] die Vernetztheit gesellschaftlicher Wirklichkeiten und die weitreichenden – teilweise globalen – Auswirkungen politischer Aktivitäten würden Poppers Ansatz der kleinen Schritte, die *Stückwerktechnologie*, untergraben. Eine andere Lesart möchte ich hier wenigstens andeuten: Politik sollte die gesellschaftlichen Bedingungen so zu beeinflussen versuchen, daß kleine – korrigierbare – Schritte möglich bleiben oder auch möglich werden. Ganz allgemein gilt, daß wir uns darum bemühen sollten, die Auswirkungen unserer Fehler zu begrenzen. Poppers Stückwerktechnologie enthält folglich eine frühe Version der *Idee der Fehlerfreundlichkeit*.[54]

Die Theorie der offenen Gesellschaft steht in der Tradition der Aufklärung – vor allem in der Tradition englischer Politik- und Gesellschaftstheorien. Popper erwähnt anerkennend John Locke und Voltaire, dessen *Briefe aus London über die Engländer* ein Versuch waren, das intellektuelle Klima Englands in Europa einzuführen (AdS 233).

Erst kürzlich hat Ralf Dahrendorf auf die Bedeutung der Theorie der offenen Gesellschaften hingewiesen, aber auch auf die Notwendigkeit, diese Theorie auszubauen.[55] Beispielsweise müßte erörtert werden, unter welchen Bedingungen sich Optionen in neue Zwänge verwandeln können – etwa in einen Zwang zur Mobilität. Eine weitere interessante Frage ist, welche Chancen und Risiken daraus erwachsen, daß immer mehr Menschen ohne weltanschauliche Bindungen leben. Das nun folgende Kapitel hat auch mit diesem Problem zu tun.

7. Religion

In Übereinstimmung mit seiner Theorie der exosomatischen Evolution bemerkt Popper einmal, sowohl Kinder als auch Theorien würden weitgehend unabhängig von ihren Erzeugern. Sie durchlaufen Entwicklungen und haben Auswirkungen, die nicht – oder nur teilweise – vorhersehbar waren.

Eine im großen und ganzen eher unbeabsichtigte Konsequenz der Philosophie Poppers ist die von seinem Werk ausgehende Religionskritik. Weil Popper weiß, daß es Menschen gibt, die Sinn und Orientierung mit Hilfe des religiösen Glaubens gewinnen, äußert er sich sehr zurückhaltend über religiöse Deutungen. Und es ist auch wichtig, das Ausmaß unseres Nichtwissens zu bedenken, wenn wir uns mit der Religion beschäftigen. Andererseits gibt es viele schlimme Taten und Entwicklungen, darunter auch Kriege, die durch religiöse Überzeugungen zumindest begünstigt werden. Außerdem erscheint es aus der Perspektive der Popperschen Philosophie unplausibel, daß die Kritik an einem bestimmten Punkt haltmachen, verstummen soll.

Die an Poppers Philosophie orientierte Religionskritik geht im wesentlichen auf den Aufsatz »On the Sources of Knowledge and of Ignorance« zurück (CuR 3–30), eine wichtige Arbeit, in der die Grundzüge des kritischen Rationalismus entwickelt werden.

7.1 Von der positivistischen Stillegung der Konflikte zur rationalen Auseinandersetzung mit der Religion

Für viele Philosophen und Naturwissenschaftler unseres Jahrhunderts waren weder der religiöse Glaube noch die meisten Thesen der Theologie Gegenstände einer kritischen Diskussion. Das hing nicht nur mit der sogenannten Säkularisierung und der abnehmenden Attraktivität der christlichen Lehre zusammen; vielmehr spielte dabei auch das positivistische Wissenschaftsverständnis eine Rolle.

Aus der Perspektive des Positivismus gehören religiöse Aussagen in den Bereich der sinnlosen sprachlichen Gebilde. Glaube und Wissenschaft, ja sogar Glaube und sinnvolle Argumentation sind auf diese Weise voneinander geschieden. Ayer betont daher auch in seinem (1936 veröffentlichten) Werk *Sprache, Wahrheit und Logik*, das mit Recht als ein Standardwerk des logischen Positivismus gilt, sowohl der Theismus als auch der Atheismus und der Agnostizismus seien gleichermaßen sinnlose Angelegenheiten.[56] Und Wittgenstein (1889–1951), dessen *Tractatus* einen starken Einfluß auf den Wiener Kreis ausübte, schreibt: »Es gibt allerdings Unaussprechliches. Dies *zeigt* sich, es ist das Mystische ... Die richtige Methode der Philosophie wäre eigentlich die: Nichts zu sagen, als was sich sagen läßt, also Sätze der Naturwissenschaft ...«[57]

Der positivistischen Zweiteilung in sinnvolle und sinnlose Sätze liegt ein strenges Abgrenzungskriterium, ein sogenanntes *Sinnkriterium* zugrunde, das sich vom Popperschen Kriterium der Falsifizierbarkeit deutlich unterscheidet. Poppers Abgrenzungskriterium zieht nämlich »innerhalb der sinnvollen Sprache eine Trennungslinie, nicht um sie herum« (LdF 50). Aussagen, die sich auf Gott beziehen, auf ein Weiterleben nach dem Tod, auf die bevorstehende Erlösung usw., sind allemal sinnvoll. Ob sie wahr sind, ist eine andere Frage. Wir können versuchen, die Mittel kritischer Prüfung anzuwenden. Demgegenüber bemühen sich nicht wenige Theologen und gläubige Laien darum, die Grenzen solcher Kritik darzulegen und ihre Glaubensaussagen jenseits dieser Grenzen anzusiedeln. Auf diese Weise sollen die auf den Glauben bezogenen Aussagen von dem Übel der Kritik verschont bleiben. Hier wird deutlich, daß das positivistische Wissenschaftsverständnis, welches metaphysische Sätze ins Reich des Sinnlosen verbannt, dem theologischen Anliegen unter Umständen sogar entgegenkommt: Die Zweiteilung läuft auf eine Stillegung der Konflikte zwischen Wissenschaft und Glauben hinaus. Gelegentlich mag gerade der Wunsch, die Glaubensbestandteile einer kritischen Auseinandersetzung zu entziehen, der Anlaß dafür sein, auch die Wissenschaft auf ganz bestimmte Gegenstandsbereiche bzw. Problemfelder festzulegen. Wittgenstein, so formuliert es Baum,[58] versucht, Gott aus der Wissenschaft auszuklammern, weil er ihn retten will. Nachdem aber die positivistische Ausgrenzung der Metaphysik (also nicht nur der Religion) ihre Plausibilität eingebüßt hat – nicht zuletzt aufgrund der Untersuchungen Poppers –, geraten auch die Weltbildbestandteile der Religion und die theologischen Argumente wieder stärker ins Kreuzfeuer der Kritik. Im Gegenzug bemühen sich vor allem die Theologen darum, die besagten Grenzen wieder aufzurichten oder neue zu entdecken. Mit solchen Ansätzen, die auch einen Bezug zum Relativismus (11) haben, wollen wir uns im folgenden beschäftigen.

7.2 Glaube und Vernunft

Die zahlreichen Versuche, den Glauben abzuschirmen, sind bereits Reaktionen auf das *Scheitern rationaler Argumente*.

So scheinen die traditionellen Gottesbeweise – das sehen inzwischen auch viele Theologen so – fehlgeschlagen zu sein. Nun ist es ja ohnehin, falls Popper recht hat, ein utopisches

Anliegen, Aussagen *beweisen* zu wollen. Daß es keine Beweise für die Existenz Gottes gibt, stellt daher keinen überzeugenden Einwand gegen die Gotthypothese dar. Aber auch dann, wenn wir die Gottesbeweise und noch weitere Argumente als vernünftige Diskussionsbeiträge (und nicht als Beweise) auffassen, dürfen wir sie als gescheitert betrachten. Ein berühmtes Beispiel für ein solches rationales Argument ist der Hinweis auf die Ordnungen in der Welt, die doch ohne einen Hersteller, einen Schöpfer gar nicht denkbar wären. So wie eine Uhr, die wir am Wegesrand finden, ihre Existenz einem Schöpfer verdankt und nicht einer zufälligen Laune der Natur, so müssen auch die Strukturen der Welt das Ergebnis einer planenden und schaffenden Instanz sein. Diese plausible Hypothese, die Popper erörtert (»Paleys Problem«),[59] war von Darwins Evolutionstheorie durchaus überzeugend (obgleich auch vor Darwin starke Einwände vorgebracht wurden). Mittlerweile verfügen wir aber über ein ganzes Bündel von teilweise gut geprüften Annahmen, mit denen wir die Entstehung von Ordnungen, von komplexen Strukturen, ohne Zuhilfenahme eines (oder mehrerer) Schöpfer erklären, ja sogar besser erklären können.[60] Die allermeisten Uhren – um bei diesem Beispiel zu bleiben – sind ohne einen Uhrmacher entstanden. Hier haben wir einen von vielen Fällen, in denen Weltbildbestandteile der Religionen mit wissenschaftlichen Hypothesen kollidieren.

Aber, und damit gelangen wir zu einem anderen Problem, auf das die Theologie keine überzeugende Antwort gefunden hat: Die Welt ist ja keineswegs gelungen; sie funktioniert zumindest schlechter als unsere Digitaluhren. Insbesondere gibt es unzählige Übel, Katastrophen, Leiden und Greueltaten. Zwar müssen wir einräumen, daß die Welt (wenn auch keineswegs durchgängig) einen höheren Komplexitätsgrad aufweist als die Digitaluhren. Doch Gott ist, einer bekannten These zufolge, schließlich auch allmächtig. Für ihn müßte es daher leichter sein, eine Welt zu schaffen, als für uns, eine Digitaluhr zu bauen.

Sobald wir noch die Annahme hinzufügen, daß Gott gütig oder barmherzig ist, entsteht das Theodizeeproblem, das traditionell so formuliert wird: Wie können wir Gott bzw. seine Güte angesichts der Übel in der Welt rechtfertigen? Das Problem scheint unlösbar zu sein, jede Theodizee scheitert. Der religiöse Glaube, aber auch die Theologie, enthält inkonsistente, in sich widersprüchliche Aussagenbestandteile. Von den vielen Versuchen, dieses Problem wenigstens zu entschärfen, hält keiner einer kritischen Prüfung stand.[61] Beispielsweise scheitert der Versuch, die Menschen für die Greuel dieser Welt verantwortlich zu machen. Es gibt einfach zu viele Übel, die ohne unser Zutun auftreten. Auch die Theorie der Erbsünde hilft nicht weiter; unter anderem läßt sie die Leiden der Tiere, die nicht in die Erbsünde verstrickt sind, außer acht. Eine ad-hoc-Hypothese, um dieser Schwierigkeit zu entgehen, lautet: Tiere leiden nicht wirklich, vielleicht haben sie mehr Ähnlichkeit mit Automaten als mit Menschen. Doch diese These läßt sich nicht aufrechterhalten, Theorien und Befunde der Biologie, der Verhaltensforschung und der Hirnphysiologie sprechen dagegen. Eine Strategie, um die religiösen Überzeugungen angesichts dieser Diskussionslage zu retten, besteht darin, auf Gottes unbegreifliche Größe zu verweisen. Gott hat andere Maßstäbe als die Menschen.

Mit dieser Behauptung sind wir bei einem der eingangs erwähnten Abgrenzungsversuche angelangt. Wenn es keine vernünftige Antwort auf das Theodizeeproblem gibt, muß die Vernunft eben schweigen, sie muß in ihre Grenzen verwiesen werden. Doch führt das Argument, Gott sei so groß, daß ihm mit menschlichen Erkenntnisbemühungen und menschlichen Maßstäben nicht beizukommen ist, in neue Schwierigkeiten. Wie können wir überhaupt etwas über einen *verborgenen* Gott wissen? Wie ist es möglich, auch nur die Existenz Gottes – und darüber hinaus seine (nicht-menschliche) Güte – zu behaupten? Und berufen sich nicht viele Menschen auf Gebote mutmaßlich göttlichen Ursprungs, also letztlich auf Maßstäbe Gottes, die uns insofern doch bekannt sein müssen?

Gerade im protestantischen Lager wächst die Neigung, den Informationsgehalt der Glaubensaussagen zu reduzieren – auf diese Weise können sie weniger leicht mit anderen Aussagen kollidieren. Das Verfahren ist aber unter anderem deshalb nicht plausibel, weil die Hoffnungen der Gläubigen zwangsläufig (und vernünftigerweise) mit Annahmen über die Wirklichkeit verknüpft sind, beispielsweise mit der Erwartung, daß es ein Weiterleben nach dem Tod gibt. Scheinbar liegt ein Ausweg darin, den Aussagen der Religionen bzw. dem Glauben einen besonderen Status zu verleihen. Doch soweit diese Aussagen einen Informationsgehalt aufweisen, also irgendetwas behaupten, stehen die unvermeidlicherweise mit bestimmten anderen Aussagen in logischen Beziehungen. Beispielsweise können sie einer Hypothese der Evolutionstheorie widersprechen. Auch die Hypothese, der Glaube sei kein Menschenwerk, sondern letztlich ein Werk oder ein Geschenk Gottes, vermag den Glauben nicht vor kritischen Prüfungen zu schützen – ebensowenig wie Küngs Hinweis auf ein »überrationales« Vertrauen.[62] An dieser Stelle wird übrigens eine Affinität theologischen Argumentierens mit relativistischen Positionen, die wir weiter unten erörtern (11), deutlich.

Die Hypothese, daß sich die Gotteserkenntnis einer autoritativen Quelle verdankt, steht einerseits in der Tradition des erkenntnistheoretischen Fundamentalismus. Andererseits korrespondiert der Rekurs auf eine Quelle mit dem »framework-Mythos« (Popper): Demzufolge ist jede Erkenntnis auf einen bestimmten Rahmen bezogen, etwa auf eine bestimmte Kultur. Nur *innerhalb* dieses Rahmens, dieses Bezugssystems, ist die kritische Prüfung sinnvoll. Eine Variante dieser Denkfigur, die nach Popper das *Basistheorem des Relativismus* darstellt, spielt auch in der Theologie eine Rolle.[63] Wer nicht am religiösen Glauben partizipiert, wessen Erkenntnisse nicht eine bestimmte Herkunft aufweisen, kann nur mit

Einschränkungen am Diskurs teilnehmen. Das »framework«, das Bezugssystem bildet eine Grenze, an der die Kritik abprallt. Damit vergleichbar sind Bemühungen, die Wissenschaft auf einen bestimmten Seinsbereich festzulegen bzw. auf bestimmte – unüberschreitbare – Basisannahmen. Innerhalb dieser so gezogenen Grenzen hat die Wissenschaft ihre Berechtigung und ihre Gültigkeit. Aber die Wissenschaften sind, wie wir unter 4.6 bereits erwähnt haben, nicht auf einen besonderen Seinsbereich oder eine Sorte von Problemen festgelegt – und sie sollten sich auch nicht festlegen lassen.

Dem von Kolakowski erfundenen Dialog[64] zwischen einem »Skeptiker« und einem »Gläubigen« liegt eine solche unzulässige Festlegung zugrunde. Der Skeptiker antwortet auf die Frage, was unter *kognitiven Argumenten* und *kognitiv gültigen geistigen Akten* zu verstehen sei, wie folgt: Akte dieser Art sind »im Rahmen wissenschaftlicher Verfahren definiert worden«. Wissenschaftler, so heißt es weiter, sind bestimmten Maßstäben verpflichtet. (Das stimmt, aber die Maßstäbe sind nicht kritikimmun.) »Deshalb diskutieren sie nicht über Wunder, Engel, Gott.«[65] Weil so jeder – der Gläubige wie der Skeptiker – in seiner eigenen Welt gefangen ist, läßt Kolakowski die Auseinandersetzung mit einem Patt enden. Allerdings stimmen die Voraussetzungen nicht, mit denen Kolakowski die Argumente seines Skeptikers ausstattet. Wissenschaftler können sehr wohl über Wunder, Engel und Gott diskutieren. Im Weltbild des Mittelalters, das von der aristotelischen Physik beeinflußt war, hatten die Engel durchaus ihren Platz. Sie galten als Zwischenwesen, als Geschöpfe zwischen der himmlischen und der irdischen Welt. Die neuzeitliche Physik entwickelte eine konkurrierende Theorie; sie verwarf die Hypothese, daß Himmel und Erde strukturell voneinander geschieden sind – in der himmlischen wie der irdischen Welt herrschen dieselben Gesetzmäßigkeiten. Mit dieser kosmischen Vereinheitlichung von Himmel und Erde verlor die Zwischenwesen-Hypothese ihre Plausibilität. Und *deshalb* diskutieren heutzutage die Wissenschaftler nicht über Engel.[66] Aus der Perspektive der Popperschen Wissenschaftstheorie betrachtet, ist die Hypothese als solche keineswegs irrational. Sie hat sich lediglich nicht bewährt, andere Theorien haben sie verdrängt.

7.3 Religiöse Erfahrungen

Häufig werden bestimmte Erfahrungen bzw. Erlebnisse angeführt, um den Glauben zu stützen. Ein Beispiel hierfür sind Sterbe- und Offenbarungserlebnisse, die den Menschen auf eine transzendente Instanz zu verweisen scheinen. Solche Erfahrungen gehen meist mit einem Gefühl der Gewißheit einher. Doch die Gewißheit ist ein ganz besonders schlechtes Indiz für die Wahrheit. Im Verlauf der Wissensevolution treten Gewißheit und Wahrheit immer weiter auseinander, ein Vorgang für den die evolutionäre Erkenntnistheorie eine Erklärung liefert. Der Rekurs auf Erfahrungen, die bestimmte Annahmen belegen sollen, ist vor allem deshalb ungeeignet, weil *jede beliebige Erfahrung mit mehreren konkurrierenden Theorien verträglich* ist. Sofern wir an Erkenntnissen interessiert sind, müssen wir immer versuchen, die Theorien, die durch bestimmte Erfahrungen nahegelegt werden, auf eine unabhängige Weise zu prüfen (OE 214). Einen Zirkelschluß begeht, wer eine Hypothese belegen will, indem er auf die Erfahrungen hinweist, die die Hypothesenkonstruktion veranlaßt haben. Als Beispiel betrachten wir einen von Popper erfundenen Dialog: »Warum ist das Meer heute so stürmisch?« »Weil Neptun sehr zornig ist.« »Und was spricht dafür, daß Neptun sehr zornig ist?« »Nun, du siehst doch: Das Meer ist sehr stürmisch.« (OE 214)

Wir prüfen eine Hypothese, indem wir beispielsweise *andere* Erfahrungen vorhersagen, Erfahrungen, die wir noch nicht gemacht haben. Auch bei der Erörterung religiöser

Erfahrungen wird oft die schon bekannte fundamentalistische Argumentation verwendet, um den Erfahrungen eine besondere Qualität zu verleihen: der Hinweis auf eine autoritative Quelle. In dieser – ebenfalls zirkulären – Argumentation wird die Gültigkeit der Gotthypothese einfach vorausgesetzt: Gott, die autoritative Quelle, ermöglicht die Erfahrungen – die Erfahrungen bestätigen die Existenz Gottes.[67] Übrigens betrachten auch viele Theologen den Rekurs auf bestimmte Erfahrungen mit Skepsis. Die Argumentation wird nicht besser, wenn an die Stelle einer Offenbarung (die besondere Erfahrungen bewirkt) eine *Entscheidung* des Menschen für Gott tritt, der solche Erfahrungen folgen. Diejenigen, die das *Wagnis* eingehen, eine *existenzielle Entscheidung* für Gott zu treffen, mögen die Gewißheit im Glauben gewinnen.[68] Niemand bestreitet ja ernsthaft die Existenz von Gewißheitserlebnissen. Es geht aber doch um die Wahrheit bzw. Falschheit der Hypothesen, die mit den Erlebnissen verknüpft sind. Diese theologische Argumentation birgt sogar Risiken, die über den Erkenntnisbereich hinausgehen. Wenn es eine menschliche Entscheidung ist, die zur Erkenntnis Gottes führt, kann dem Menschen auch die Verantwortung dafür aufgebürdet werden, wenn er den Glauben nicht teilt. Damit rückt die Möglichkeit näher, in Menschen, die diese Entscheidung nicht treffen – oder auch nicht treffen wollen –, Frevler oder Feinde zu sehen.

Hier haben wir also eine Variante jener Wahrheitstheorie, derzufolge die Wahrheit offenbar ist, sofern wir die Wahrheit zu erlangen wünschen. Nach Popper bildet diese Theorie die *Basis für fast jede Art von Fanatismus* (CuR 8). Fanatiker sind Leute, die es darauf anlegen, Menschen für Theorien sterben zu lassen. Wir sollten statt dessen versuchen, uns nicht mit den Überlebensproblemen von Theorien zu belasten, sondern die Theorien an unserer Stelle sterben zu lassen (OE 140).

Poppers Theorie der exosomatischen Evolution ermöglicht uns, den Glauben folgendermaßen zu beschreiben: Jeder

Glaube ist dadurch gekennzeichnet, daß bestimmte Hypothesen zum (evtl. existentiell bedeutsamen) *Bestandteil der Person* gemacht werden. Gläubige Menschen – ob sie nun einem religiösen oder einem anderen Glauben anhängen – machen keinen Gebrauch von der Möglichkeit, die Person und die Hypothesen zu entkoppeln. Wir sollten uns klarmachen, daß die Berufung auf Erfahrungen eine weit verbreitete Methode ist. Wir haben nicht oder nur unzureichend gelernt, Erfahrungen auf eine rationale, erkenntnisfördernde Weise zu nutzen. Allzu oft halten wir nach Ereignissen Ausschau, die unsere Vorurteile und Überzeugungen bestätigen – dies belastet auch viele Diskussionen, an denen wir teilnehmen. Es kommt darauf an, die Konsequenzen aus der Situation zu ziehen, daß wir immer – für jede beliebige Theorie – bestätigende Erfahrungen finden, wenn wir sie finden wollen.

8. Kunst

8.1 Kunst und Wissenschaft

Im zweiten Kapitel haben wir die Frage gestellt, was die Wissenschaft von anderen Unternehmungen, insbesondere von der Metaphysik, unterscheidet (Abgrenzungsproblem). Jetzt geht es um die Unterschiede und Gemeinsamkeiten, die zwischen den Wissenschaften und den Künsten bestehen. Diese lassen sich in verschiedenen Hinsichten miteinander vergleichen: Wir können z. B. (1) die Produkte – die Theorien und die Kunstwerke – untersuchen, ferner (2) die Beziehungen der Wissenschaftler und der Künstler zu ihren eigenen Werken; in diesem Fall beschäftigen wir uns mit Aspekten der Herstellung. Schließlich können wir (3) die Wirkungen der Produkte auf die Rezipienten erforschen, also auf die Betrachter, Kritiker und Anwender (wie Musiker) von Kunstwerken und Theorien.

Entsprechend den unter 4.3 skizzierten Empfehlungen möchte ich keine Definition des Begriffs *Kunst* vorschlagen – deren gibt es natürlich unzählige. Wir sollten aber beachten, daß viele der sogenannten Definitionen in Wirklichkeit Theorien sind. Wenn z. B. jemand behauptet: »Die Kunst ist das Medium, in dem das Transzendente sinnlich erfahrbar wird«, dann haben wir es nicht mit einer Definition, sondern mit einer sehr voraussetzungsvollen – und vermutlich falschen – Theorie zu tun.

Die Wissenschaft vollzieht Fortschritte – das ist zwar nicht unumstritten (vgl. 11), doch Popper hat daran wohl niemals gezweifelt. Theorien sind mehr als bloße Instrumente; der Wandel unseres Wissens läßt sich als Fortschritt interpretieren, auch wenn es kein Kriterium der Wahrheit gibt. Wir müssen uns mit *Fortschrittsindizien* begnügen – mit Hilfe solcher Indizien kennzeichnen wir Veränderungen als Fortschritte. Zum Beipiel kommt es öfter vor, daß Theorien mit geringerer Erklärungskraft von Theorien mit größerer Erklärungskraft abgelöst werden.[69] Jüngere Theorien berichtigen ältere Theorien; es gelingt uns in vielen Fällen, mit neuen Theorien Probleme zu lösen, die wir bislang nicht lösen konnten.

Offensichtlich unterliegen auch die Kunstwerke einem Wandel. Aber handelt es sich dabei um einen Fortschritt? Sobald wir Phasen der Kunstgeschichte betrachten, in denen jeweils bestimmte künstlerische Ziele verfolgt wurden, ist es möglich, von partiellen Fortschritten – aber bezogen auf *unterschiedliche* Ziele – zu sprechen. In der Landschaftsmalerei widmeten sich die Künstler eine zeitlang der Aufgabe, ganz bestimmte Illusionen beim Betrachter hervorzurufen. Diese Aufgabe bestand aus einem ganzen Bündel von Problemen. Eines davon ist, Landschaftsbilder so zu gestalten, daß die Rezipienten Tiefe wahrnehmen. Dieses Problem, das wir noch in Teilprobleme zerlegen könnten, mußte erst einmal gestellt (als Problem entdeckt), und im Laufe der Zeit konnte es auch gelöst werden. Es ist ein weiter Weg von den ersten Landschaftsbildern (im ausgehenden 15. Jahrhundert) bis beispielsweise zu den Bildern John Constables in der ersten Hälfte des 19. Jahrhunderts. Constable verglich die Landschaftsmalerei mit der Naturphilosophie, die einzelnen Bilder faßte er gar als quasiwissenschaftliche Experimente auf.[70] Constable fertigte viele Skizzen an, die Vorstudien für seine großen Ölbilder waren – so beschäftigte er sich beispielsweise mit Wolkenformationen am Himmel. Diese Skizzen sind Versuche, vorläufige Problemlösungen, denen Constable weitere korrigierte Versuche folgen ließ – im Victoria und Albert Museum (London) können wir solche Arbeiten betrachten. Nach Popper kennzeichnet die Versuch-Irrtum-Methode nicht nur die Arbeit des Wissenschaftlers, sondern auch die des Künstlers:

»Es ist vielleicht nicht uninteressant, festzustellen, daß Künstler ebenso wie Wissenschaftler diese Methode des Versuchs und Irrtums anwenden. Ein Maler setzt vielleicht versuchsweise einen Farbfleck hin und tritt dann zurück, um seine Wirkung kritisch zu beurteilen und ihn abzuändern, wenn er das zu lösende Problem nicht löst. Und es kann vorkommen, daß eine unerwartete oder zufällige Wirkung seines Versuchs – ein Farbfleck oder Pinselstrich – sein Problem verändert oder ein neues Teilproblem, ein neues Ziel schafft: die Entwicklung künstlerischer Maßstäbe (die, wie die Regeln der Logik, zu exosomatischen Steuerungssystemen werden können) vollzieht sich ebenfalls nach der Methode von Versuch und Irrtum.« (OE 280f.)

Doch im Unterschied zu einer wissenschaftlichen Theorie, die von besseren Theorien abgelöst und damit wenigstens teilweise *entwertet* wird, erscheinen uns viele Kunstwerke als abgeschlossen. Und etliche davon werden auch im Verlauf der weiteren Kunstentwicklung nicht mehr überboten. Während sogar Newtons Theorie durch spätere Theorien und kritische Argumente bedroht wird, stehen viele Kunstwerke – darunter auch Ölbilder von Constable – unangefochten da. Deshalb, so Popper, sollten wir auf eine allgemeine Fortschrittsidee im Bereich der Kunst verzichten (AdS 260). In diesem Zusammenhang ist wichtig, daß die Kunst, auch die abstrakte Kunst des 20. Jahrhunderts, auf die Möglichkeiten *sinnlicher Wahrnehmung* angewiesen bleibt. Im Gegensatz dazu schreitet die Wissenschaft über die Grenzen der Wahrnehmung hinweg. Zwar kann die Kunst *neue Erfahrungen* ermöglichen – aber es bleiben zwangsläufig Erfahrungen, Kunst muß irgendwie wahrnehmbar sein. Die Wissenschaft dagegen hat unter anderem die Aufgabe zu erklären, wie Wahrnehmungen zustandekommen. Popper lehnt historizistische Modelle der Kunst ab, die den Neuerungen zu große Bedeutung beimessen.[71] Nicht zuletzt unter dem Eindruck solcher Modelle und der Ausdruckstheorie (8.2) sind Popper zufolge viele moderne Künstler außerstande, die singuläre Bedeutung älterer Kunstwerke richtig zu würdigen (A 98).

Auch der noch immer verbreiteten Vorstellung, große Kunst sei ihrer Zeit voraus und werde *deshalb* von den meisten Zeitgenossen nicht verstanden, widerspricht Popper entschieden. Und tatsächlich scheinen die einschlägigen Forschungen eher zu dem Ergebnis zu kommen, daß die These vom unverstandenen Genie unhaltbar ist. Nehmen wir das Beispiel Mozart: Einerseits wurden Teile des Mozartschen Gesamtwerkes als schwer und ungewöhnlich empfunden, wie einige Dokumente belegen[72] – aber eben nur Teile dieses Werkes. Hierbei ist zu bedenken, daß Musiker wie Mozart auch für bestimmte Zielgruppen arbeiteten, für gebildete Oberschichten, für Kenner, wie Mozart zu sagen pflegte. Andererseits erfreuten sich viele Werke Mozarts schon in den siebziger und achtziger Jahren des 18. Jahrhunderts großer Beliebtheit, und wenige Jahre nach seinem frühen Tod war Mozarts Ruhm beispiellos.[73] Er war seiner Zeit nicht voraus, aber er schuf Werke, an denen der Zahn der Zeit nicht zu nagen scheint – im Gegensatz zu bedeutenden Theorien. Bekanntlich wunderte sich schon Marx[74] über die Resistenz künstlerischer Werke gegenüber gesellschaftlichen Veränderungen. Popper wundert sich eher über historizistische Ansätze, die die Bedeutung der Kunst auf die historischen Bedingungen (wie z. B. die soziale Lage der Rezipienten) beziehen.

Neuerungen auf dem Gebiet der Kunst können einen »Verlust an Möglichkeiten« (A 94) zur Folge haben. So vermutet Popper, daß durch die Erfindung des Kontrapunktes bestimmte rhythmische Effekte verlorenzugehen drohten. *Technische Neuerungen* führen zuweilen zu einer Entwertung handwerklichen Könnens. Ein gutes Beispiel hierfür ist die Karriere der berühmten Harfinistin Dorette Spohr

(1787–1834), die vergeblich versuchte, sich auf eine neuentwickelte Harfentechnik einzustellen – das Spiel auf der traditionellen Harfe war nicht mehr gefragt. Zum vorzeitigen Ende der Karriere trugen auch soziale Bedingungen bei, die den Erfolg der Männer begünstigten.[75] Wissenschaftliche und technische Fortschritte beeinflussen künstlerische Entwicklungen. So waren es neben anderen Prozessen auch Innovationen der Farbenindustrie, die die impressionistische Malweise möglich machten.[76]

Können Neuerungen in der Kunst auch Qualitätsverluste mit sich bringen? Viele Innovationen gehen mit der allmählichen Emanzipation der Kunst aus bestimmten Verwertungszusammenhängen einher. Popper bezweifelt, daß sich dieser Vorgang auf die Künste, auf die Qualität der Kunstwerke (in allen Fällen) günstig ausgewirkt hat. Viele Arbeiten, die als hervorragende Schöpfungen gelten, entstanden gerade in Zeiten, in denen die Künstler zahlreiche Konventionen und darüberhinaus Wünsche der Auftraggeber berücksichtigen mußten: Bilder im ausgehenden Mittelalter, die der privaten Andacht dienten, niederländische Landschaftsgemälde für bürgerliche Wohnstuben und Kirchenmusiken, wie z. B. Mozarts Salzburger Messen, die den Vorgaben des Erzbischofs zu genügen hatten. Um es evolutionstheoretisch zu formulieren: Der Variationsbereich war begrenzt, und überdies scheint die Selektion eindeutiger gewesen zu sein. Hierbei spielte womöglich auch eine *regulative Idee des Schönen (und des Erhabenen)* eine Rolle, die ebenfalls den Variationsbereich einengt. Trotz der kulturellen Beeinflußbarkeit unserer Vorstellungen vom Schönen scheint eine solche Idee die Kunstwerke mehr an die Wahrnehmungsmechanismen, aber auch an die Gewohnheiten der Menschen zu binden. Ebenso wie eine evolutionäre Erkenntnistheorie dürften evolutionäre Ethiken und evolutionäre Ästhetiken lohnenswerte Forschungsprogramme sein.[77] Wie wohl alle Wissenschaftler erheben viele Künstler den Anspruch, Werke zu schaffen, die in allen Kulturen verstanden werden, die wertvoll für die

77

gesamte Menschheit sind. Haydn soll vor seiner Abreise nach London, wo ihn ein bürgerliches Publikum erwartete, gesagt haben: »Meine Sprache versteht man über die ganze Welt.« Knapp drei Jahrzehnte vorher (im Mai 1761) unterzeichnete Haydn einen Vertrag, der seine Dienstpflichten als Vizekapellmeister beinhaltete. Unter anderem sah dieser Vertrag eine regionale Nutzung der Kompositionen Haydns vor – alle Werke waren letztlich für einen einzigen Menschen bestimmt, für den Fürsten Paul Anton Esterhazy.[78] Nach der Lektüre dieses Vertrags ist es doch erstaunlich, wie sehr Haydn mit dieser kühnen, im Horizont der höfischen Gesellschaft getroffenen Äußerung recht behielt.

8.2 Kritik der Ausdruckstheorie

Bereits in seiner Dissertation kritisiert Popper, hierin Bühler folgend, die Ausdruckstheorie der Sprache (3.1). Mit vergleichbaren Argumenten attackiert er die expressionistische Kunsttheorie, derzufolge jede Kunst im wesentlichen ein persönlicher Ausdruck des Künstlers oder ein Ausdruck der Zeit bzw. der Entstehungsbedingungen ist. Die Ausdruckstheorie scheitert unter anderem, weil die Strukturen eines Kunstwerks schon beim Herstellungsprozeß den Künstler beeinflussen. Bereits vorhandene Teilstrukturen, z. B. Linien auf einem Zeichenkarton, begrenzen den Spielraum (den Variationsbereich) des Herstellers. Außerdem wird der Künstler durch die schon vorhandenen Ordnungen *veranlaßt*, das Werk auf eine bestimmte Weise fortzusetzen. Es treten auch unerwartete Effekte auf, so daß ein Künstler neue Möglichkeiten zu *entdecken* vermag. Außerdem stellen sich die Künstler bestimmte Aufgaben, die sie zu lösen versuchen. In Mozarts Opern wechselt zuweilen die Stimmung jäh; Freude z. B. schlägt in Trauer um. Sollen wir nun annehmen, Mozart habe seinen schwankenden Stimmungen Ausdruck verliehen, als er den Don Giovanni komponierte? Plausibler erscheint doch die Annahme, daß Mozart, der ein Libretto berücksichtigen mußte, das nicht sein Werk war, in etwa folgendes Problem zu lösen versuchte: Wie erzeuge ich mit musikalischen Mitteln bei den Rezipienten Eindrücke und Gefühle, die der Handlung auf der Bühne entsprechen? Dieses Problem mußte gelöst werden – und zwar weitgehend unabhängig von den eigenen momentanen Befindlichkeiten. Die Hersteller von Kunstwerken müssen in der Lage sein, die Wirkungen der von ihnen erzeugten Strukturen kritisch zu prüfen. Die Wirkungen, die am eigenen Leib erfahren werden, können dabei als Prüfstein dienen.

»Nach meiner objektivistischen Theorie (die den künstlerischen Selbstausdruck nicht leugnet, aber betont, daß er trivial ist) besteht die wirklich wichtige Funktion der Emotionen des Komponisten nicht darin, daß sie ausgedrückt werden, sondern darin, daß sie benützt werden können, um das Gelingen, die Angemessenheit und Wirkungskraft des (objektiven) Kunstwerks zu überprüfen: Der Komponist kann sich selbst als eine Art Versuchsperson verwenden ...« (A 90)

Ebenso wie Theorien enthalten auch Kunstwerke mehr und z. T. andere objektive Strukturen, als die Hersteller erzeugen wollten. Kunstwerke sind relativ autonom; die Inhalte und die verwendeten Mittel lassen sich untersuchen, ohne auf die Erzeuger Bezug nehmen zu müssen. Kommunikationstheoretische Ansätze greifen daher zu kurz. Die Tatsache, daß Kunstwerke von Menschen geschaffen werden, sollte in einer Kunsttheorie keine allzu große Rolle spielen. Wie wir sehen, entspricht der Popperschen Erkenntnistheorie ohne erkennendes Subjekt eine *Kunsttheorie ohne künstlerisches Subjekt*.

Die Wirkungen, die von Kunstwerken schon während des Herstellungsprozesses ausgehen, existieren auch dann, wenn die Künstler Ordnungen erzeugen, bei denen Zufälle (oder die Spontaneität) ins Spiel gebracht werden – wie dies z. B. bei den Tropfbildern Jackson Pollocks der Fall ist.[79] Viele Künstler des 20. Jahrhunderts betonen die Spontaneität ihrer eigenen Arbeit, fassen Kunst als Ausdruck ihrer persönlichen Situation auf. Hierbei ist zu beachten, daß sich die Künstler nicht in einer privilegierten Position befinden, wenn es um Theorien über die eigene Arbeit oder die Kunst im allgemeinen geht. Denn die Ansichten über die eigene Person, auch die Erfahrungen, die wir mit uns selbst machen, sind theoriengetränkt. Eine Untersuchung des Werks liefert brauchbare Hypothesen über den Prozeß der Herstellung. Kandinsky (1866–1944) beispielsweise behauptete, es sei beim Malen wichtig, sich von allem loszusagen. Pinsel und Farbe würden bestimmen, was geschieht. Diese Äußerungen halten einer kritischen Prüfung nicht stand. Untersuchungen der Gemälde zeigen, daß Kandinsky beim Auftragen der Farben schematisch vorging. Außerdem fertigte er zunächst Skizzen an, wie Vikturina, die Röntgenaufnahmen heranzieht, berichtet. Die Autorin kommt zu folgendem Ergebnis:

»Kandinsky war nie jener ›Anarchist‹ in der Malerei, als der er sich gerne darstellte und als der er bis vor kurzem gesehen wurde. Seine Werke, die Freiheit der unmittelbaren Selbstdarstellung, gründeten auf klarer Logik und gründlicher Durcharbeitung der Komposition, die sich nicht sofort, spontan ergab, sondern im Verlauf der Arbeit entstand und nicht selten während des schöpferischen Prozesses verändert wurde.«[80]

Dieses Beispiel illustriert Poppers allgemeine Behauptung, daß wir mehr über das Herstellverhalten lernen, wenn wir die Erzeugnisse selbst untersuchen (OE 131). Popper formuliert diesen Gedanken im Kontext seiner Drei-Welten-Lehre. Die von den Menschen geschaffene Welt 3, die Welt der Theorien, der (z. B. mathematischen) Probleme, der Kunst, existiert weitgehend unabhängig von den Menschen und beeinflußt die Welt 2, die Welt der psychischen Zustände und Prozesse. Welt 1 ist die physische Welt, das »Universum physischer Gegenstände« (IuG 63), auf das sich

Kunstwerke nicht reduzieren lassen, obgleich die Musik ohne physikalische Schwingungen nicht möglich wäre.

Popper entwickelt in diesem Zusammenhang ein *Argument für den Realismus*, also für die metaphysische Annahme, daß es eine außersubjektive Wirklichkeit gibt: Eine Person bemüht sich darum, eine Fuge im Stil Bachs zu komponieren (was Popper übrigens getan hat). Dabei stößt die Person auf Schwierigkeiten; es gelingt ihr nicht, ein Werk zu schaffen, das dem Vergleich mit den Arbeiten Bachs standhält. Dieselbe Person hört später eine Fuge von Bach; sie weiß, daß sie ein solches Musikstück gar nicht erschaffen kann. Obwohl die Person nur mit Hilfe organismischer und kultureller Voraussetzungen dieses Werk zu hören vermag, kann es nicht ausschließlich ihre eigene Konstruktion sein. Es muß außersubjektive Strukturen geben, die beim Hörvorgang beteiligt sind.

Popper erörtert nicht (oder nur andeutungsweise) die Frage nach den Funktionen der Kunst. Nicht sonderlich überzeugend scheint die Vermutung zu sein, daß Kunstwerke eine bestimmte Sorte von Erkenntnissen liefern – obgleich die Künstler auch Aspekte der Wirklichkeit verarbeiten (z. B. soziale Spannungen) und hervorheben. So konfrontieren uns die Zeichnungen von Käthe Kollwitz mit der Armut von Arbeiterfrauen und die Gemälde von Fritz Zolnhofer mit Aspekten der Lebenswelt saarländischer Bergleute.[81] Doch Erkenntnisse unterliegen einem Prozeß der Entwertung und der Weiterentwicklung. Vielleicht hat gerade dieser Umstand dazu beigetragen, die Kunst mit der Erkenntnis *unwandelbarer* Ideen bzw. transzendenter Realitäten in Verbindung zu bringen.[82] Sehr interessant ist dagegen Gernot Böhmes These, daß Kunstwerke Atmosphären erzeugen, die uns treffen, in die wir hineingeraten, die, wie Böhme sagt, quasiobjektiv sind.[83] Es wäre reizvoll, diese Idee mit Poppers Kunsttheorie zu verknüpfen.

9. Geschichte

9.1 Offenheit und Emergenz

Mit der Sprache des Menschen entsteht eine außersubjektive Wirklichkeit, in der Prozesse ablaufen, die von der biologischen Evolution abgekoppelt sind. Die natürliche Selektion, so Popper (IuG 259), transzendiert sich selbst. Sowohl die Voraussetzungen dessen, was wir *Geschichte* nennen – die Sprache, das Bewußtsein –, als auch die Geschichte selbst haben emergenten Charakter. Wir können Geschichtsprozesse nicht (restlos) mit Theorien über biologische oder psychische Vorgänge erklären. Lerntheorien und Kommunikationstheorien beispielsweise reichen nach Popper nicht aus, um den Wandel unserer Ideen zu beschreiben und zu erklären. Das hängt mit der relativen Autonomie der Ideen zusammen, die Einfluß auf das menschliche Verhalten ausüben. Popper schlägt vor, die Geschichte der Menschheit weitgehend – also nicht ausschließlich – als eine Geschichte der Ideen zu begreifen. Diese Geschichte ist offen, und *deshalb* können wir den Verlauf der Geschichte nicht vorhersagen, obgleich es möglich ist, bestimmte Trends festzustellen. Mit Lücken in unserem Wissen über die Gegenwart hat dies nichts zu tun. Selbst wenn wir über alle momentanen Ereignisse und Prozesse informiert wären, bliebe die zukünftige Geschichte unbekannt. Geschichtsgesetze, die die historischen Abläufe bestimmen, existieren nicht. Ein bekanntes

Argument, das Popper erstmals in *The Poverty of Historicism* vorgestellt hat, ist das folgende: Erkenntnisse, also Hypothesen über die Wirklichkeit, beeinflussen die Entwicklung. Heute wissen wir aber noch nicht, was wir erst in der Zukunft wissen werden. Daher können wir auch nicht wissen, wie die heute noch nicht existierenden Erkenntnisse die Welt verändern werden. Das Argument setzt voraus, daß Erkenntnisfortschritte tatsächlich vorkommen; Popper formuliert dies wie folgt: »Wenn es so etwas wie ein wachsendes menschliches Wissen gibt, dann können wir nicht heute das vorwegnehmen, was wir erst morgen wissen werden.«[84]

Doch diese These – so lautet ein Einwand – trifft ja nur auf diejenigen Fälle zu, in denen das Wissen den Geschichtsverlauf beeinflussen kann.[85] Womöglich laufen Prozesse ab, z. B. die Bevölkerungsexplosion und einige ihrer Folgen, die wir nicht im geringsten mit Theorien verändern können. Ein Teil unserer vorläufigen Erkenntnisse bezieht sich außerdem auf kosmische Ereignisse, z. B. auf Veränderungen der Sonne, die wir einfach hinnehmen müssen. Allerdings beeinflussen auch solche Erkenntnisse unter Umständen geschichtliche Prozesse – und zwar auf unerwartete Weise. So könnten Hypothesen über die Unvermeidbarkeit bestimmter Katastrophen die Einstellungen und die Lebensweisen ganzer Bevölkerungsgruppen verändern.

Das hier skizzierte, an der Ideenevolution orientierte Geschichtsverständnis, faßt Dahrendorf folgendermaßen zusammen: »Geschichte ist der Prozeß, der sich aus prinzipiell unberechenbaren Erfindungen der Menschen ergibt.«[86] Was folgt daraus für die historischen Wissenschaften? Die wichtigste Konsequenz ist vielleicht der unvermeidlich narrative Charakter unserer Geschichtsschreibung. Während z. B. die Physik vor allem – aber keineswegs ausschließlich – mit universellen Gesetzeshypothesen die strukturellen Eigentümlichkeiten der materiellen Welt, der Welt 1, zu erklären versucht, spielen Theorien mit solcher Reichweite in den Geschichtswissenschaften eine untergeordnete Rolle.

»Die unzähligen trivialen universellen Gesetze, die wir hier verwenden, werden einfach als gegeben hingenommen ... Wenn wir zum Beispiel die erste Teilung Polens im Jahre 1772 durch den Hinweis erklären, daß Polen keinesfalls der vereinten Macht Rußlands, Preußens und Österreichs widerstehen konnte, dann nehmen wir stillschweigend einige triviale universelle Gesetze an, wie etwa dieses: ›Wenn eine von zwei ungefähr gleich gut geführten und gleich gut ausgerüsteten Armeen einen ungeheuren Überschuß an Menschen besitzt, dann gewinnt die andere niemals‹ ... Wir können ein solches Gesetz ein Gesetz der Soziologie militärischer Macht nennen ...« (OG$_2$ 327).

In den Geschichtswissenschaften sollten wir von der Methode Gebrauch machen, die Popper »Situationsanalyse« nennt (4.5). Die Geschichte der Kirchenmusik beispielsweise läßt sich als ein *singulärer, unwiederholbarer Vorgang* hypothetisch rekonstruieren. Wir unterstellen, daß im großen und ganzen rational handelnde Musiker bestimmte Problemsituationen zu bewältigen versuchten. Solche Problemsituationen können sehr komplex sein. Sie enthalten einschränkende externe Bedingungen – wie die Regeln der traditionellen Liturgie –, Wünsche der Auftraggeber sowie die Ziele und Mittel der Komponisten. (Mozarts Salzburger Messen durften z. B. nicht länger als 20 Minuten dauern.) Sobald sich einige Vorhaben von Musikern im Rahmen der bislang akzeptierten Traditionen nicht verwirklichen ließen, begannen sie damit, von der Tradition abweichende Möglichkeiten zu erkunden. Diese Abweichungen mußten u. a. mit den Erwartungen der Auftraggeber abgestimmt werden.

Wie in allen anderen Disziplinen, gibt es auch in den Geschichtswissenschaften keine reinen Daten, die wir aneinanderreihen könnten. Die sogenannten Daten stellen wir mit Hilfe von Hypothesen her, die wir hin und wieder überprüfen. Bei diesen Überprüfungen halten wir nach Ereignissen Ausschau (die irgendwie dokumentiert sind), die eine Hypothese widerlegen könnten. Der dokumentierte Tatbestand, daß Mozart in einem Armengrab verscharrt wurde, veranlaßte viele Wissenschaftler zu der Vermutung, Mozart hätte keine wirklichen Freunde und Bewunderer mehr gehabt. Doch dieses Ereignis, das sogenannte Armenbegräbnis, ist – wie alle Ereignisse und Daten – nicht nur mit mehreren Hypothesen verträglich, sondern selber eine Hypothese. Sie wird bedroht durch bestimmte Dokumente und Ereignisse bzw. durch unsere Interpretationen dieser Dokumente und Ereignisse, wie z. B.: Die josephinische, *aufgeklärte* Begräbnisordnung (die Mozart und seine Bekannten wahrscheinlich akzeptierten) richtete sich gegen aufwendige, prunkvolle Begräbnisse. Wie Mozart begraben wurde, war für die meisten Wiener damals der Normalfall.[87] Solche konkurrierenden Deutungen, die das Ergebnis kritischer Prüfungen sind, führen unter Umständen dazu, daß viele Teile der Geschichte neu geschrieben werden müssen. Ereignisse und Personen verändern sich im Licht neuer Hypothesen, so z. B. Constanze Mozart, die wohl »unpopulärste Frau der Musikgeschichte«.[88] Das Beispiel zeigt: Wir müssen die »naive Ansicht aufgeben, daß sich irgendeine Reihe historischer Aufzeichnungen je auf nur eine Art interpretieren läßt« (OG$_2$ 329). Das ist aber kein Argument für eine relativistische Position, nach der jede Deutung gleichermaßen wahr bzw. falsch sein soll. Es gibt »Interpretationen, denen es nicht gelingt, eine Reihe von Tatsachen zu verbinden, die eine andere Interpretation verbinden und insofern ›erklären‹ kann. Dementsprechend ist auch auf dem Gebiete historischer Interpretation ein beträchtlicher Fortschritt möglich.« (OG$_2$ 329)

Poppers Thesen über die Geschichte richten sich insbesondere gegen die neuzeitlichen Geschichtsphilosophien (z. B. Hegel). Diese Philosophien können auch als Antworten auf die folgenden Fragen verstanden werden: In welcher Richtung verläuft die Geschichte? Wie sieht der Weg aus, »den die Menschheit zu wandeln bestimmt ist«? (OG$_2$ 333) Die Geschichtsphilosophien enthalten daher zugleich Annahmen über den Fortschritt der Menschheit, der sich mit einer gewissen Zwangsläufigkeit ereignet. Letztlich handelt es sich dabei um Versuche, den Sinn der Geschichte zu finden.

9.2 Die Sinnindifferenz von Geschichtsverläufen

Geschichtsphilosophische Antworten auf die Frage nach dem Sinn der Geschichte sind nicht zuletzt Versuche, der unter 4.2 erläuterten Sein-Sollen-Unterscheidung zu entgehen. Die behauptete objektive Tendenz verleiht der Geschichte einen Sinn. Den Ausdruck *Sinn*, den wir momentan verwenden, hat zwei Bedeutungen. Einmal ist damit ein übergreifender Zusammenhang gemeint, in dem bestimmte Phasen der Geschichte, aber auch Menschen oder Menschengruppen ihren Platz haben. Zum andern soll *Sinn* auf etwas objektiv Wertvolles hinweisen, auf einen Richtungssinn der Geschichte, der für die Menschen ethische Konsequenzen hat. Nehmen wir einmal an, es gebe – entgegen den Thesen Poppers – tatsächlich eine brauchbare Theorie über den Geschichtsverlauf, die zukünftige Entwicklungen in groben Zügen beschreibt. Selbst in diesem Fall wären wir nicht berechtigt oder verpflichtet, den mutmaßlichen Richtungssinn zwangsläufig gutzuheißen. *Wir* sind es, die die Wirklichkeiten, u. a. die historischen Prozesse, bewerten. Und wir können darüber hinaus versuchen, der Geschichte (oder besser: den Geschichten) einen Sinn zu verleihen. Vielleicht übertreiben wir schon, wenn wir feststellen, die Geschichte – wie die Wirklichkeit überhaupt – sei sinnlos. Die Geschichte ist noch nicht einmal sinnlos, sondern eher sinnindifferent. Deshalb haben wir die Möglichkeit, sie als sinnlos anzusehen (eventuell auch abzulehnen) oder verschiedenen Aspekten der Geschichte einen Sinn zuzuschreiben. Jede Antwort auf die Frage, inwieweit wir der Geschichte einen Sinn geben können, hängt mit Wertentscheidungen zusammen, die wir mit Hilfe kritischer Argumente eingrenzen können (5.2). Der Geschichte einen

Sinn zu verleihen, ist jedenfalls (ganz anders als die Verleihung eines Ordens) eine anspruchsvolle, schwierige Aufgabe. Im Anschluß an Popper macht Dahrendorf den Vorschlag, einen möglichen Sinn der Geschichte darin zu sehen, mehr Lebenschancen für mehr Menschen zu schaffen.[89] Solche Sinngebungen können als regulative Ideen für politisches Handeln formuliert werden.

Bei alledem sollten wir beachten, daß die Menschen die Geschichte nur teilweise zu beeinflussen vermögen. Das hängt nach Popper vor allem mit der Komplexität der Welt 3 zusammen, die wir zwar geschaffen, aber nicht unter Kontrolle haben. Das zeigen die unvorhersehbaren und unbeabsichtigten Konsequenzen in der Welt 3 – ein besonders interessantes Beispiel der allgemeinen Regel, daß alle menschlichen Handlungen solche Konsequenzen zur Folge haben (A 271). Die Zukunft bleibt im Dunkeln. Ein Subjekt der Geschichte, das an unserer Stelle agiert und die vielen Geschichten zusammenhält, haben die Geschichtsphilosophen vergebens gesucht. Ebensowenig wie die Erkenntis, deren Wandel den wichtigsten Teil der Geschichte ausmacht, hat die Geschichte ein Fundament. Popper plädiert dafür, diesen Umstand illusionslos zu akzeptieren und die Last der Verantwortung für ethische Entscheidungen zu tragen.

10. Natur

»Ich glaube jedoch, daß es zumindest *ein* philosophisches Problem gibt, das alle denkenden Menschen interessiert. Es ist das Problem der Kosmologie: das Problem, die Welt zu verstehen – auch uns selbst, die wir ja zu dieser Welt gehören, und unser Wissen. Alle Wissenschaft ist Kosmologie in diesem Sinn ...« (LdF XIV)

Im Laufe seines Lebens erörtert Popper Probleme aus den unterschiedlichsten wissenschaftlichen Disziplinen. Seit den frühen sechziger Jahren interessiert er sich insbesondere für die mit der Evolutionstheorie verknüpften Fragen – und es gibt sehr viele Fragen, die mit der Evolution zusammenhängen. In jüngster Zeit beschäftigt ihn eine neue Theorie über den Ursprung des Lebens, die von Wächtershäuser stammt.[90] Sie gilt als eine Alternative zur sog. »Ursuppen-Theorie«.

Popper versichert uns, er wolle keine herkömmliche Ontologie vorlegen, also eine Lehre vom Wesen der Welt, die auf unfruchtbare Was-ist-Fragen antwortet, z. B. auf die Frage: »Was ist Materie?« Solche Fragen verleiten allzu leicht zu einer Diskussion über Begriffe. Statt dessen konstruiert Popper ein bruchstückhaftes, vorläufiges Weltbild, eine Theorie der Natur (»Natur« im Sinne der antiken Philosophie). Diese Theorie enthält als einen wichtigen Bestandteil die These, daß die Welt offen ist. Damit wendet sich Popper gegen deterministische Auffassungen, denen zufolge die Welt ein in sich geschlossenes System darstellt, in dem alle Geschehnisse – die Handlungen der Menschen eingeschlossen – festgelegt sind

(OE 242). Der Indeterminismus dagegen, der durch die Befunde der Quantenphysik attraktiv wurde, behauptet, »daß nicht alle Ereignisse in der physikalischen Welt völlig genau in allen ihren kleinsten Einzelheiten vorherbestimmt sind« (OE 245).

Um aber *Probleme der Steuerung* zu erörtern, insbesondere die mit menschlichen Entscheidungen zusammenhängenden Aktivitäten, brauchen wir nach Popper Hypothesen, die sich auf Bedingungen beziehen, die zwischen reinem Zufall und reiner Determiniertheit angesiedelt sind. Dabei hilft die Evolutionstheorie; sie erklärt nämlich, wie emergente Strukturen zustande kommen, die einen Einfluß auf darunterliegende Seinsebenen ausüben. Wie für viele Physiker sind auch für Popper die zukünftigen Ereignisse und Prozesse nicht (bzw. nicht vollständig) in den gegenwärtigen Abläufen enthalten.[91]

Die Realität ist vielfältig. Wir können ohne weiteres mehrere Welten unterscheiden. Popper macht den unter 8.2 bereits angedeuteten Vorschlag, drei Welten anzunehmen (wobei er andere Klassifikationen für möglich hält), nämlich: Welt 1, die Welt der physikalischen Gegenstände und Prozesse (Steine, zentralnervöse Strukturen etc.), Welt 2, die Welt der psychischen Zustände und Ereignisse (z. B. Zahnweh) und Welt 3, die Welt der Produkte des menschlichen Geistes, vor allem der »Ideen im objektiven Sinne« (OE 174), die der oben dargestellten exosomatischen Evolution unterliegen. Diese Welten haben sich nacheinander entwickelt. Welt 1 ist die Voraussetzung der Welt 2, die gegenüber der Welt 1 emergente Strukturen besitzt, die in die Welt 1 hineinwirken. Die folgende Tabelle zeigt die 3 Welten als Stufen der kosmischen Evolution (IuG 3):

Tabelle 1: Einige kosmisch-evolutionäre Stufen

Welt 3 (die Erzeugnisse des menschlichen Geistes)	6) Kunstwerke; wissenschaftliche Entdeckungen 5) menschliche Sprachen; Theorien (Mythen) über uns selbst und über den Tod
Welt 2 (die Welt der subjektiven Erlebnisse)	4) Ich-Bewußtsein und Wissen um den Tod 3) Empfindung (tierisches Bewußtsein)
Welt 1 (die Welt der physikalischen Gegenstände)	2) lebende Organismen 1) die schweren Elemente; Flüssigkeiten und Kristalle 0) Wasserstoff und Helium

Interessant sind nun die von Popper vermuteten Wechselwirkungen:[92]

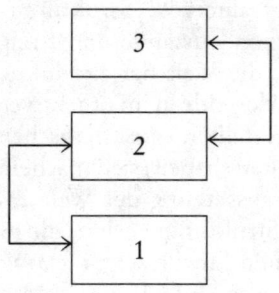

Welt 3 beeinflußt auch Welt 1, allerdings wird dieser Einfluß über Welt 2 hergestellt. Welt 3, unser eigenes Erzeugnis, wirkt auf die Menschen zurück. Indem die Menschen Welt 3 schaffen, verändern sie sich indirekt selbst. Kommunikationstheorien beziehen sich auf Welt 2; sie reichen nicht aus, um die Interaktion zwischen Welt 2 und Welt 3 zu beschreiben. Für die Evolution auf allen Ebenen scheint charakteristisch zu sein, daß die Veränderungen (die Variationen, die Innovationen) *im Inneren der Strukturen* auftauchen und nicht durch externe Bedingungen determiniert sind. Das erläutert Popper in seinem Aufsatz »The Rationality of Scientific Revolutions«, wo er drei »Ebenen der Adaptation« unterscheidet: die genetische, die Verhaltensebene und die Ebene wissenschaftlicher Innovationen. Die Veränderungen der Gene (Mutationen) erfolgen unabhängig von den äußeren Bedingungen – wobei über den Grad der Unabhängigkeit noch gestritten wird. Auch auf der Verhaltensebene haben die Kombinationen von angeborenen Verhaltensmustern sowie andere Lernvorgänge den Status aktiver Modifikationen, die nicht (restlos) durch die äußeren Gegebenheiten festgelegt sind. Ausgangspunkt wissenschaftlicher Erneuerungen sind die Theorien (Welt 3-Objekte), die sich, wie wir schon diskutiert haben, nicht auf Erfahrungen zurückführen lassen, die mit externen Ereignissen zusammenhängen. Die Neuerungen auf allen Ebenen gehen mit veränderten Organismus-Umwelt-Beziehungen einher; *sie beeinflussen daher den Verlauf der Evolution.* Was wir *Anpassung* nennen, ist ein aktiver, schöpferischer Vorgang.

In der Wirklichkeit existieren Tendenzen, *Propensitäten,* die physikalische Realitäten sind. Diese Hypothese benutzt Popper u. a. dazu, subjektivistische Interpretationen der Wahrscheinlichkeit zu kritisieren. Beispielsweise wurde die Quantenphysik, also eine probabilistische Theorie, von vielen Physikern mit den Lücken in unserem Wissen in Verbindung gebracht. Wenn wir alles wissen, so dachten viele Naturwissenschaftler, dann verfügen wir über deterministische Theorien – für Zufälle und Wahrscheinlichkeiten ist in dieser geschlossenen Welt kein Platz. Nach Popper brauchen wir probabilistische Theorien, um objektive Tendenzen der Wirklichkeit angemessen zu beschreiben und zu erklären, denen gegenüber deterministische Theorien oder gar simple Ursache-Wirkungs-Annahmen versagen. Es hängt – teilweise – von menschlichen Entscheidungen ab, welche Tendenzen der Realität verstärkt werden. Sollte es so etwas wie menschliche Freiheit geben, was Popper vermutet, hängt sie mit diesem Umstand zusammen. Keinesfalls läßt sich Freiheit mit Zufällen oder Unschärfen im Mikrobereich in Beziehung setzen. Die *Offenheit der Zukunft* ist eine Voraussetzung dafür, daß wir die Realität, wenn auch in relativ engen Grenzen, wirklich verändern können.

Die Evolutionstheorie lehrt uns, nicht vorschnell irgendwelche Strukturen und Funktionen als bloße Epiphänomene zu betrachten. Das, was wir Bewußtsein oder bewußte Prozesse nennen, sind vermutlich keine funktionslosen Begleiterscheinungen komplexer materieller (nervaler) Vorgänge. Popper betrachtet das Bewußtsein als einen Komplex emergenter Strukturen, als ein »Organ für die Wechselwirkung mit den Gegenständen der dritten Welt« (OE 175). Ein entwickeltes Ich-Bewußtsein, wie wir es beim Menschen vorfinden, hat einerseits die Sprache, die Welt 3 ermöglicht, zur Voraussetzung. Andererseits ist dieses Organ an der Entstehung und der Veränderung der Welt 3 beteiligt – Popper vermutet hierbei Rückkoppelungseffekte. Jedenfalls folgt aus dieser These, daß das Bewußtsein (das Selbst, auch das, was manchmal *Identität* genannt wird) von Theorien abhängt, von Theorien über die Existenz anderer Personen, über Raum und Zeit. Es handelt sich dabei also nicht um eine oder mehrere unwandelbare Substanzen, sondern um historische Phänomene.

Viele Theorien, mit denen wir gegenwärtig die Welt zu verstehen versuchen – Quantenphysik, Evolutionstheorie, Theorien der Selbstorganisation des Universums, Chaos-Theorien –, lassen es zweifelhaft erscheinen, die Wirklichkeit auf letzte Gegebenheiten (wie Atome) zurückführen zu können. Das Universum ist offen. Die Hoffnung, *letzte Erklärungen* zu finden, korrespondiert meist mit einem fundamentalistischen Erkenntnisideal. Die neuen Theorieentwicklungen begünstigen insofern den Fallibilismus. Nachdem die Bemühungen, Sicherheit in den Bereichen der Erkenntnis und der Ethik zu gewinnen, gescheitert sind, deutet vieles darauf hin, daß wir uns nunmehr auch kosmologisch von der Möglichkeit eines sicheren Fundaments entfernen.

11. Kontroversen

Gegen den kritischen Rationalismus werden viele Einwände erhoben. Verschiedene Kritiken beziehen sich auf Poppers Interpretationen anderer – zum Teil sehr einflußreicher – Texte, beispielsweise auf seine Deutung der Ideen Platons. Hat Popper in seiner *Offenen Gesellschaft* Platons Philosophie richtig dargestellt? Stimmt es, wenn er Kant als einen Vorläufer der evolutionären Erkenntnistheorie auffaßt? Ist ihm die Rezeption der Theorie Tarskis wirklich gelungen? Fragen dieser Art behandeln wir hier nicht. Ich empfehle jedoch, die Tragfähigkeit der Popperschen Thesen im Hinblick auf diejenigen Probleme zu beurteilen, die Popper tatsächlich formuliert. Die Kritik an seinen Thesen bzw. Lösungsvorschlägen sollte nicht mit der Kritik an seinen Interpretationen von Texten verwechselt werden.

Im folgenden diskutieren wir einige Einwände gegen wichtige Thesen der Philosophie Poppers.

11.1 Realismus

Ein bedeutsamer Bestandteil im Theoriengebäude Poppers ist der Realismus, der mindestens zwei Annahmen umfaßt:

1. Es gibt eine Wirklichkeit, eine Welt, die unabhängig von den Erkenntnisleistungen der Menschen existiert, wobei die Menschen auch Teile dieser Welt sind.

2. Die Strukturen und Prozesse dieser Welt können – wenigstens teilweise – erkannt werden.

Es ist möglich, sowohl die These 1 als auch die These 2 zu bestreiten. Diejenigen, die die These 1 zurückweisen, müssen zwangsläufig auch die zweite These ablehnen. Aber die Anti-Realisten kritisieren zumeist die These 2, zuweilen akzeptieren sie eine andere Version dieser These, einen schwachen Realismus. Beispielsweise wird behauptet: Wir erkennen die Welt nicht im eigentlichen Sinne des Wortes. Unsere Erkenntnisorgane erzeugen die Welt bzw. Modelle der Welt, wir erkennen die Welt nicht so, wie sie an sich ist.

Den Realismus können wir, wie jede andere beliebige Theorie, nicht beweisen. Zugleich ist der Realismus aber auch nicht falsifizierbar. Im Unterschied zu wissenschaftlichen Theorien schließt er keine Ereignisse aus. Falls wir versuchen sollten, Aussagen geringerer Allgemeinheit (z. B.: A erkennt Teile der Welt), die aus dem Realismus folgen, hypothesengeleitet mit der Wirklichkeit zu konfrontieren, setzen wir den Realismus schon voraus. Es handelt sich um eine metaphysische Theorie. Die Schwäche, nicht widerlegbar zu sein, teilt der Realismus mit anderen metaphysischen Entwürfen – also auch mit den verschiedenen Varianten des Anti-Realismus.

Popper behauptet nicht, daß die Menschen eine Position *außerhalb* hypothetischer Kontexte einnehmen können. Aber die Hypothesen scheitern zuweilen an etwas, das die Menschen nicht selber (vollständig) gemacht haben. Der Realismus erklärt dieses Scheitern. *Instrumentalistische Ansätze* fassen die Theorien als bloße – aber sehr nützliche – Instrumente auf, etwa als Instrumente, um die Welt zu verändern. Damit bleibt die Wahrheitsfrage offen (These 2) – oder sie wird negativ gelöst: Es gibt keine wahren, sondern nur nützliche Erkenntnisse bzw. Theorien. Übrigens bestehen zwischen instrumentalistischen und positivistischen Ansätzen gewisse Beziehungen; denn Instrumentalisten vertreten oft die Ansicht, daß Theorien zusammengefaßte Beobachtungen oder auch Erfahrungen sind. Doch der Instrumentalismus hält keine Antwort auf die Frage bereit, warum wir hin und wieder alte Theorien noch benutzen, obwohl wir bereits über bessere Theorien verfügen, über Theorien, die unseren kritischen Prüfungen standgehalten haben. So war es beispielsweise möglich, das Ptolemäische Modell als Instrument für Beschreibungen und Vorhersagen durchaus zu gebrauchen, nachdem dessen Falschheit bereits weitgehend akzeptiert wurde. Die logischen Beziehungen, die zwischen der ptolemäischen und der kopernikanischen Theorie bestehen, fallen nicht mit den Unterschieden zusammen, die sie als Instrumente aufweisen (PS_1 113). Instrumente prüfen wir, indem wir z. B. die Grenzen ihrer Anwendbarkeit herauszufinden versuchen. Instrumente lassen sich nicht widerlegen. Popper macht überdies auf unterschiedliche Entwicklungsverläufe aufmerksam: Theorien werden oft von allgemeinen Theorien, von Theorien mit größerer Erklärungkraft abgelöst, während sehr viele Instrumente immer spezieller werden. Nur dieser zweite Trend ist aus instrumentalistischer Perspektive gut zu deuten (PS_1 114). Außerdem versetzen uns Theorien in die Lage, Ereignisse vorherzusagen, an die wir bislang nicht einmal gedacht haben.

Das *Hauptargument für den Realismus* können wir folgendermaßen zusammenfassen: Der Realismus liefert eine metatheoretische Erklärung dafür, warum Theorien manchmal scheitern – obwohl sie als Instrumente noch zu gebrauchen sind. Theorien scheitern, weil sie falsch sind.[93] Für den Realismus spricht außerdem die *Konvergenz von Forschungsergebnissen*, die von unterschiedlichen Theorien ihren Ausgang nehmen. Hierfür ein Beispiel: Um die Eßgewohnheiten der Neandertaler herauszufinden, führte ein Wissenschaftler eine chemische Analyse von Knochensubstanzen durch. Die Ergebnisse entsprechen älteren morphologischen Studien, bei denen der Speiseplan mit Hilfe der Gebißform rekonstruiert wurde[94] – weitere Beispiele erörtert Vollmer.[95] Auch wenn wir über metaphysische Hypothesen diskutieren, gelangen

wir öfter zu Ergebnissen, die in dieselbe Richtung weisen, obgleich ihnen unterschiedliche Methoden, Fragestellungen und Hypothesen zugrunde liegen. So hat die These, daß ein allmächtiger Gott existiert, an Plausibilität eingebüßt, weil
– die traditionellen Gottesbeweise gescheitert sind,
– keine Lösung für das Theodizee-Problem in Sicht ist,
– physikalische Theorien der Weltentstehung und -entwicklung die metaphysische Annahme entbehrlich machen.
Eine extreme Alternative zum Realismus ist der konsequente *Idealismus.* Diese metaphysische Position läuft auf die Behauptung hinaus, die gesamte Welt – unsere Argumente für den Realismus eingeschlossen – sei ein Traum (OE 51). Der Idealismus ist allerdings ein *Standpunkt, der immer Recht behält,* der sozusagen immer das letzte Wort hat. (An dieser Stelle möchte ich auf das unter 8.2 skizzierte Argument für den Realismus hinweisen.) Der Golfkrieg, die Opfer von Hiroshima, die Leiden derjenigen, die in den Konzentrationslagern eingesperrt waren, die Fuge von Bach ebenso wie die Oper von Mozart – wir bilden uns alles nur ein. Demnach scheinen wir auch nicht wirklich für solche Ereignisse verantwortlich zu sein. Welche Argumente wir auch immer vorbringen – ein konsequenter Idealist kann stets sagen, dies alles existiere nicht wirklich. Popper hält »... dieses Argument für dumm, wegen seiner uneingeschränkten Anwendbarkeit« (OE 57).

Es ist sehr wichtig, Fragen nach der Herkunft nicht mit Fragen zu verwechseln, die sich auf die Gültigkeit beziehen. Selbst eine Person, die nicht die Wahrheit sagen möchte, sagt vielleicht – ungewollt – doch die Wahrheit, die nach Popper als eine Eigenschaft der Sätze nicht von unseren Interessen und Wünschen abhängt. Wenn wir diese Unterscheidung nicht vergessen, können wir selbstverständlich einmal fragen, was anti-realistische Ansätze attraktiv macht. Diese Frage berührt die Kontroverse darüber, ob der kritische Rationalismus ein geeigneter Entwurf für eine Lebensweise ist (5.3) und inwieweit die Menschen den Belastungen in *abstrakten Ge-*

sellschaften standhalten. W. Franzen vermutet einen Zusammenhang zwischen einigen Konsequenzen der Wissenschaft (Unübersichtlichkeit, Nebenwirkungen angewandten Wissens) und der Attraktivität anti-realistischer Thesen:

»Und da scheint eben eine nichtrealistische Sichtweise gewisse Möglichkeiten des Sichtröstens oder des Ausweichens oder der Entlastung zu bieten, ungefähr nach dem Muster: Letztlich müssen wir die Wissenschaft doch nicht so ernst und so schwer nehmen, denn dem, was sie enthüllt, brauchen wir, recht besehen, gar nicht den Status des unabhängig Existierenden zuzubilligen.«[96]

In den letzten Jahren haben verschiedene Wissenschaftler – insbesondere Neurobiologen und Psychologen – eine weitere Alternative ins Spiel gebracht: den *radikalen Konstruktivismus*. Vertreter dieses Ansatzes deuten einige naturwissenschaftliche Thesen und Befunde im Sinne der Annahme, daß die Erkenntnis von den Organismen *allein* erzeugt wird und mit der realen Welt nichts (oder nur wenig) zu tun habe.[97] Es gibt allerdings mehr oder weniger radikale Konstruktivisten. Ebenso wie Popper betonen sie die aktive Rolle der Lebewesen bei der Gewinnung von Erkenntnissen. *Alle Erkenntnisse sind Konstruktionen.* Allerdings bestehen mindestens zwei wichtige Unterschiede, die zum besseren Verständnis sowohl des Popperschen Ansatzes als auch des Konstruktivismus beachtet werden sollten. Zwar meint auch Popper, die Erkenntnisse bzw. Problemlösungen seien von den organismischen Strukturen und Aktivitäten abhängig (WoP 45). Aber er billigt nicht die – tatsächlich sehr umstrittene – These, derzufolge das Gehirn ein *informationell geschlossenes System* darstellt. Nach Popper scheitern die Konstruktionen an Ereignissen und Prozessen (die Elemente externer Strukturen sind), wobei die Menschen dieses Scheitern mit Hilfe von Konstruktionen (Hypothesen) herbeiführen und deuten. Eine noch größere Differenz liegt darin, daß der radikale Konstruktivismus vor allem Hypothesen über die Funktionsweise der Erkenntnisorgane entwickelt und diese mit erkenntnistheoretischen Annahmen verknüpft, während Popper eine »Erkenntnistheorie ohne erkennendes Subjekt« für notwendig hält.

11.2 Relativismus

Die verschiedenen Spielarten des Relativismus befassen sich kritisch mit der unter 11.1 dargestellten These 2. Wohl die meisten Relativisten bestreiten nicht die Existenz einer Wirklichkeit, die den Tod der Individuen überdauert. Ein Relativist räumt möglicherweise auch ein, daß unsere Theorien gelegentlich scheitern. Aber wir können dieses Scheitern nur innerhalb eines bestimmten Rahmens, eines Paradigmas, einer Kultur, einer Tradition deuten. Das ist *die relativistische Grundthese*: Die Gültigkeit von Theorien und Maßstäben ist kontextabhängig. Diese These – die in vielen Varianten auftaucht – läßt sich noch zuspitzen: Als Vertreter eines bestimmten Rahmens, etwa einer Tradition, sind wir noch einmal in der Lage, fremde Leistungen wirklich zu *verstehen*. Bereits Protagoras (480–410) scheint eine relativistische Position vertreten zu haben. Und auch in der Bibel finden wir eine Idee dieser Art: »Aber ihr glaubet nicht; denn ihr seid von meinen Schafen nicht …«[98] Das soll wohl heißen, daß nur die eigenen Schafe die Botschaft vernehmen, während die anderen draußen bleiben, unfähig, die innerhalb eines bestimmten Kontextes aufgestellten Glaubensaussagen zu begreifen.

Die wissenschaftstheoretische Debatte, die Anfang der 60er Jahre begann, nahm nicht von dieser Bibelstelle ihren Ausgang, sondern von Kuhns Buch *Die Struktur wissenschaftlicher Revolutionen*. Die Geschichte der Wissenschaft – so Kuhn – widerspricht dem Falsifikationismus Karl Raimund Poppers. Innerhalb einer Periode *normaler Wissenschaft* lösen die Forscher bestimmte Rätsel, ohne das *Paradigma*, das ihre Arbeit leitet, in Frage zu stellen. Wenn Erfahrungen gemacht werden, die dem theoretischen Gebäude widersprechen, stellen sich eher Zweifel an der Kompetenz des Wissenschaftlers als Zweifel an der Wahrheit der Theorie ein. Wissenschaftliche Fortschritte bleiben innerhalb der Grenzen eines Paradigmas. »Die normale Wissenschaft unterdrückt zum Beispiel oft fundamentale Neuerungen, weil diese notwendigerweise ihre Grundpositionen erschüttern.«[99] Wenn Schwierigkeiten auftreten, versuchen die Wissenschaftler das forschungsleitende Paradigma zu retten. Sie bemühen sich nicht um Falsifikationen – was sie nach Popper doch eigentlich tun sollten. Während in den normalen Perioden der Wissenschaft die Paradigmen verschont bleiben, werden sie in den sog. *revolutionären* Phasen durch konkurrierende ersetzt. Die Wahl eines neuen Paradigmas kommt aber einer Bekehrung gleich; von nun an erscheint die Welt in einem anderen Licht. Kuhn vergleicht diesen Vorgang gelegentlich mit einem Gestaltwechsel. Demnach wäre der Austausch von Paradigmen nicht an bestimmte methodologische Regeln gebunden, die intersubjektiv (und über die Weltbilder hinweg) gelten. Der Verlauf der Wissenschaftsgeschichte spielt bei Kuhn die Rolle eines Prüfsteins für Poppers Wissenschaftstheorie.

In diesem Zusammenhang ist es zunächst sinnvoll, zwei Möglichkeiten der Kritik an Poppers Theorie auseinanderzuhalten:

1. Vielleicht versagt Poppers Idee einer Wissenschaft, die Widerlegungsversuche praktiziert, als eine diskriptive These. Sie hilft uns nicht, den *tatsächlichen Verlauf* der Wissenschaftsgeschichte besser zu verstehen.
2. Möglicherweise scheitert aber auch Poppers methodologische Empfehlung, sein Ratschlag für die Wissenschaftler, Theorien zu widerlegen.

Popper jedenfalls bestreitet nicht, daß es so etwas wie *Normalwissenschaft* gibt; er weist aber auf deren Gefahren hin.[100] Er sieht darin ein Übel, obwohl er zugesteht, daß Theorien erst einmal konstruiert (und zuweilen verteidigt) werden müssen, bevor an deren Widerlegung ernsthaft zu denken ist. Wir sind an leistungsfähigen Theorien interessiert. Doch gerade deshalb sollten die Wissenschaftler die Theorien vor kritischen Prüfungen nicht schützen. Selbstverständlich begnügen wir uns zeitweise mit vagen, wenig überzeugenden Theorien, solange wir noch keine besseren gefunden haben. Popper macht einerseits denjenigen einen Vorwurf, die sich im Sinne Kuhns *normalwissenschaftlich* verhalten. Andererseits will er an Beispielen zeigen, daß Widerlegungsversuche tatsächlich eine wichtige Rolle in der Geschichte der Wissenschaft spielen (PS$_1$ XXVI) – u. a. erwähnt er Lavoisiers Kritik an der Phlogiston-Theorie. Viele wissenschaftliche Revolutionen, bei denen, so Popper, fast immer Widerlegungsversuche im Spiel waren, verliefen nicht so spektakulär, wie Kuhns Thesen nahelegen. Nur diejenigen wissenschaftlichen Umwälzungen sind mit weltanschaulichen Irritationen und persönlichen Krisenerlebnissen verknüpft, die mit »*ideologischen Revolutionen*« einhergehen.[101] So betrafen z. B. sowohl die kopernikanische als auch die Theorie Darwins die Stellung des Menschen in der Welt. Die Ansichten darüber waren aber Bestandteile der vorherrschenden religiösen Weltanschauung, die durch die beiden Theorien erschüttert wurde. Zur rationalen Bewertung der Theorie Darwins ist es jedoch nicht erforderlich, auf die Konfrontation mit solchen Weltbildbestandteilen einzugehen. Die wissenschaftliche Revolution ist hauptsächlich das Ergebnis kritischer Prüfungen der *vorangegangenen Theorien* (wie etwa Lamarcks Theorie) und der *darauf bezogenen* Konstruktion einer Alternative.

Allerdings muß hier eine Einschränkung gemacht werden: Ideologische und wissenschaftliche Bestandteile lassen sich nicht – oder nur im Rückblick – säuberlich trennen. Wissenschaftliche Theorien, und daher auch wissenschaftliche Revolutionen, können *metaphysische* Hintergrundannahmen enthalten, die mit herrschenden Ideologien übereinstimmen oder kollidieren. Viele der wissenschaftlichen Durchbrüche korrespondieren aber nicht mit ideologischen Revolutionen.

Rutherfords (1871–1937) Atomtheorie hält Popper für ein gutes Beispiel einer neuen, folgenreichen Theorie, die keine ideologischen Auswirkungen hatte.[102] Sie beeindruckte viele Physiker und veranlaßte sie zu einer radikalen Änderung der bisherigen Auffassung; die Physiker *konvertierten*, aber auf eine rationale Weise (PS$_2$ 32).

Hier möchte ich noch einmal auf den unter 2.1 erwähnten Unterschied zwischen Falsifizierbarkeit und Falsifikation hinweisen. Der Ausdruck *Falsifizierbarkeit*, wie ihn Popper in der *Logik der Forschung* verwendet, bezieht sich auf eine rein logische Angelegenheit, auf eine Relation zwischen Sätzen: Ein Basissatz widerspricht der zu prüfenden Theorie. Wie häufig in der wissenschaftlichen Praxis tatsächlich Falsifikationsversuche stattfinden und inwieweit sie gelingen, sind interessante Fragen. Sie berühren jedoch nicht die behauptete logische Beziehung.

Kuhns Thesen haben jedenfalls dem Relativismus Auftrieb gegeben, obwohl Kuhn in späteren Publikationen die relativistischen Aspekte seiner Auffassung einschränkt.[103] Insbesondere will er nicht behaupten, die Beurteilung von Theorien sei ein ausschließlich irrationaler Vorgang. Doch für Popper gehen Kuhns Zugeständnisse an die relativistische Position zu weit (PS$_1$ XXXI).

Für den kritischen Rationalismus ist die Möglichkeit kritischer Prüfungen, bei denen auch Widerlegungsversuche eine Rolle spielen, von entscheidender Bedeutung. Denn *die Idee der Kritik* verbindet die Vorläufigkeit und Unsicherheit unseres Wissens mit der Möglichkeit, echte Erkenntnisfortschritte zu erzielen. Popper meint überdies, wir sollten die unvermeidbare Fehlbarkeit auch unserer Falsifikationen nicht dramatisieren.

»Es gibt eine Unzahl von wichtigen Falsifikationen, die so ›endgültig‹ sind, wie es der Gemeinspruch ›Irren ist menschlich‹ – also die allgemeine menschliche Fehlbarkeit (Fallibilismus) – zuläßt. Und wir dürfen natürlich nicht vergessen, daß jede Falsifikation ihrerseits immer wieder überprüft wird.«[104]

Wenn wir Widerlegungen anerkennen, also Falsifikationsversuche als gelungen betrachten, so heißt das jedenfalls immer: Wir akzeptieren (vorläufig) bestimmte Vermutungen (A 139).

Aber wie verhält es sich mit Wahrscheinlichkeitsaussagen? Popper betrachtet die Prüfbarkeit dieser Aussagen als eine Herausforderung für seine Theorie. In der *Logik der Forschung* – insbesondere im »neuen Anhang« – beschäftigt er sich mit diesem Problem. Die *subjektivistischen Deutungen*, nach denen die Aussagen selbst eine gewisse Wahrscheinlichkeit besitzen, gehen oft mit einem deterministischen Weltbild einher. Wahrscheinlichkeitsaussagen sind aus dieser Perspektive betrachtet nur wahrscheinlich (wahrscheinlich wahr oder richtig), weil Lücken in unserem Wissen existieren, weil wir nicht über alle Informationen verfügen.

Doch solche subjektivistischen Theorien lassen sich nur schwer mit neueren Entwicklungen der Wissenschaft in Einklang bringen. Die Welt selber scheint Ordnungen aufzuweisen, die mehr oder weniger zufällig sind. Es scheint objektive Tendenzen zu geben, strukturelle Eigentümlichkeiten, die Wahrscheinlichkeitscharakter haben. Popper spricht von *Propensitäten*, das ist ein Begriff für Verwirklichungstendenzen, die wir mit Wahrscheinlichkeitsaussagen beschreiben müssen. Nur für die Grenzfälle, mit denen sich die klassische Physik beschäftigt, reichen deterministische Hypothesen aus. Mit probabilistischen Hypothesen beziehen wir uns also auf Dispositionen – wie sie etwa auch in Versuchsanordnungen vorliegen.

Poppers objektivistische Wahrscheinlichkeitstheorie läßt demnach Spielraum für kritische Prüfungen, für Widerlegungsversuche unter Zuhilfenahme statistischer Verfahren. Die Entwicklung der modernen Wissenschaft scheint eher den objektivistischen Deutungen recht zu geben. Wir können nunmehr auch erklären, warum die prognostische Leistungsfähigkeit vieler Theorien begrenzt ist. So hat sich beispielsweise herausgestellt, »daß die vielen Fehlschläge, Langfristprognosen für die Entwicklung der Atmosphäre zu erstellen, systembedingt und nicht kenntnisbedingt sind«.[105]

Die Zweifel an der Falsifizierbarkeit wissenschaftlicher Hypothesen haben den Relativismus begünstigt. Doch kein Relativist muß sich geschlagen geben, falls diese Zweifel ausgeräumt werden können. Wenn wir nämlich eine Falsifikation akzeptieren – so die relativistische Argumentation –, tun wir dies stets im Rahmen einer bestimmten Tradition, eines Paradigmas usw. Auf diesen Rahmen bezogen mag die Falsifikation plausibel, ja vernünftig sein. Das macht doch gerade ihre Relativität aus; sie *gilt* (vorläufig und hypothetisch), aber eben nur relativ.[106]

Wir betrachten nun Poppers Hauptargumente gegen einen so verstandenen Relativismus: Zunächst einmal bestreitet wohl niemand, daß jedes Weltbild, jede Hypothese, jeder Falsifikationsversuch, jede Norm aus irgendeinem Rahmen *hervorgegangen* sind. Es gibt überhaupt keine kontextunabhängige Leistung. Der Fallibilismus Poppers beispielsweise läßt sich bis zu den Vorsokratikern zurückverfolgen. Popper mag ihn entscheidend verbessert und weiterentwickelt haben – doch er geht auch auf bestimmte Quellen zurück (die Popper allerdings nicht als autoritative mißversteht), auf Bestandteile einer Tradition. Popper selber weist mehr als einmal darauf hin (LdF 449). Insoweit müssen wir also dem Relativismus beipflichten. In seinem Aufsatz »The Myth of the Framework«[107] verwendet Popper eine Whorfsche Metapher: Wir halten uns zwar in »kognitiven Käfigen« bzw. »Gefängnissen« auf, doch wir können beschließen, uns nur versuchs- und zeitweise darin aufzuhalten. Wir sind nicht gezwungen, uns in der kognitiven Behausung bequem einzurichten. Statt dessen haben wir die Möglichkeit, den Käfig zu verändern, zu vergrößern und so nach und nach neue Käfige zu bauen. Es ist gerade der Zusammenprall mit fremden Überzeugungen und Traditionen, mit anderen *frameworks*, der uns dabei hilft. Relativisten neigen zu der Annahme, fruchtbare Diskussionen wären erst dann möglich, wenn die

Teilnehmer bzw. die Kontrahenten viele wichtige Annahmen teilen – bzw. im selben Käfig leben. Obwohl Auseinandersetzungen mit konkurrierenden *frameworks* sehr mühsam sind, sollten wir nach Popper diesen Schwierigkeiten nicht ausweichen. Aus den Kollisionen können wir lernen – sofern wir nicht dogmatisch die Überzeugungen als Bestandteile der Person begreifen. Derartige Zusammenstöße veranlassen uns, kritische Vergleiche anzustellen. Selbstverständlich ist schon die Bereitschaft, die Kollisionen als Anlässe für kritische Prüfungen zu begrüßen, eine von der Tradition (einem bestimmten *framework*) beeinflußte Haltung. Doch mit Hilfe dieser Haltung gelingt es, sich mit den *frameworks* auseinanderzusetzen. Diese haben nämlich den Status von Hypothesen. Die Kritik überschreitet die »frameworks«. Anders gesagt: Aus der Tatsache, daß die Idee der Kritik ein Bestandteil einer Tradition darstellt, folgt nicht, daß diese Idee innerhalb einer Tradition – innerhalb eines vorgegebenen Rahmens – verharren muß. Auch Haydns Musik beispielsweise (8.1) hat den Rahmen der höfischen Gesellschaft überschritten – und überdauert.

Nun wird die Kritik mit Hilfe der Sprache realisiert – und eine relativistische These lautet: Die Sprache selbst bildet einen unüberschreitbaren Kontext, dem wir nicht entrinnen können. Sobald wir sehr verschiedene Sprachen benutzen, verstehen wir einander nicht, wenn wir Kritik üben. Popper weist in diesem Zusammenhang auf die Möglichkeit hin, die Nicht-Übereinstimmungen und die damit verbundenen Schwierigkeiten metasprachlich anzugehen.[108] Im übrigen ist die entscheidende Funktion der Sprache, nämlich Überzeugungen von Organismen abzukoppeln, nicht kulturspezifisch.

Kulturspezifisch dürfte dagegen die Bereitschaft sein, von dieser Möglichkeit Gebrauch zu machen. Jede existierende Sprache kann als Medium exosomatischer Evolution funktionieren. Der Hinweis Richard Rortys auf die Kontingenz der Sprache[109] ändert daran nichts. Es müßte schon überzeugend dargelegt werden, daß die Sprache kein Medium in diesem Sinne darstellt (was Rorty auch konsequenterweise behauptet).[110]

Relativistische Thesen, die von der Verschiedenheit der Sprachen ausgehen, werden oft auch herangezogen, um mutmaßliche Grenzen verschiedener Forschungstätigkeiten aufzuzeigen. So scheint beispielsweise die Meinung verbreitet zu sein, es existierten unüberwindbare Grenzen der Erforschung fremder Kulturen, die sich fremder Sprachen bedienen. Eine diesbezügliche methodologische Empfehlung lautet: Du mußt in die fremden Welten eintauchen, an den Sprachspielen und kulturellen Gebräuchen teilnehmen, um die fremdartigen Wirklichkeiten wenigstens einigermaßen verstehen zu können. Aus der Perspektive der Philosophie Poppers ist ein solcher Ratschlag – jedenfalls in dieser Ausschließlichkeit – falsch. (Teilnehmende Beobachtungen und andere qualitative Verfahren der Forschung sollten, wenn es die Problemsituation zu erfordern scheint, natürlich angewendet werden.) So verfügen wir über bestimmte Theorien, die uns tierische Kommunikationssysteme verständlicher machen – z. B. wissen wir einiges über den berühmten »Tanz« der Bienen, über die Interaktionen anderer staatenbildender Insekten und sogar über den sog. genetischen Code. Nichts hindert uns daran, Theorien über fremde Kulturleistungen, beispielsweise über fremde Tänze und Sprachen, aufzustellen. Der Hinweis, in dem einen Fall handele es sich aber um symbolische, sinnhafte Zusammenhänge, macht nur deutlich, daß wir unterschiedliche Theorien brauchen, um die jeweiligen Phänomene versuchsweise zu beschreiben und zu erklären. Dagegen könnte vielleicht eingewendet werden: Verstehen wir die Tänze und andere fremde Kulturleistungen wirklich, wenn wir mehr oder weniger abstrakte Theorien, Beschreibungen oder Deutungen benutzen? Vielleicht verstehen wir all diese Vorgänge besser, wenn wir an ihnen teilhaben und die Teilnehmerperspektive einnehmen? Da es vernünftig ist, alle Quellen zu nutzen, wäre es unvernünftig, solche Möglichkeiten einfach auszuschließen. Doch es dürfte ein Irrtum sein, zu glauben, die Nähe zu den Kulturleistungen und den Menschen sei eine Garantie für bessere »Daten« oder Erkenntnisse. Die Nähe bringt spezifische Schwierigkeiten mit sich; auch die qualitativen Verfahren sind theoriegetränkt. Es ist fragwürdig, ob die Innen- bzw. Teilnehmerperspektive die Geschehnisse verständlicher macht. Sie führt wohl zu mehr Vertrautheit und Anteilnahme – diese können jedoch bei der Suche nach Deutungen und Theorien, die kritischen Prüfungen standhalten, durchaus hinderlich sein. Menschen, die in anderen, uns fremd erscheinenden Kulturen leben, lassen sich von anderen Deutungen leiten. Entsprechend der Popperschen Methode der Situationsanalyse sollten die Wissenschaftler versuchen, die Problemsituationen zu rekonstruieren, auf die diese Deutungen bezogen sind.[111] Darüber hinaus ist es erforderlich, die mutmaßlichen objektiven Problemsituationen mit den mutmaßlichen subjektiven Problemsituationen zu vergleichen. Es passiert z. B., daß Menschen andere Probleme lösen, als sie zu lösen glauben. Das gilt selbstverständlich für alle Menschen – insbesondere verstehen wir die Geschichte der Wissenschaften besser, wenn wir sowohl diejenigen Probleme versuchsweise rekonstruieren, die gelöst werden sollten, als auch die Probleme, die tatsächlich gelöst wurden. Poppers Fallbeispiel ist Kepler, der sich u. a. von der Vermutung leiten ließ, die Welt werde von göttlichen (pythagoräischen) Harmonien zusammengehalten. Nicht nur wissenschaftliche Theorien, sondern alle Hypothesen, alle Weltbilder, haben Konsequenzen (logische und praktische), die den handelnden Menschen nicht bewußt sind. Das gilt auch für Menschen, die in schriftlosen Kulturen leben. Die Theorien im Kopf – die mit Hilfe irgendeiner menschlichen Sprache in exosomatische Gebilde transformiert werden können – überschreiten oft das Verständnis derer, die sie akzeptieren und benutzen. Einige Bestandteile und Konsequenzen von Theorien, die in einem ganz bestimmten kulturellen Zusammenhang entstanden sind, weisen über diesen Kontext, diesen Rahmen hinaus. (Hier begegnet uns wieder die Reduktionismus-Thematik: Theorien lassen sich vermutlich nicht auf ihre Entstehungsbedingungen zurückführen – es sind emergente Gebilde.) Die kopernikanische Revolution dürfte hierfür ein gutes Beispiel sein. Sie war – jedenfalls teilweise – ein ungeplantes und unverstandenes Produkt, das über die Wünsche, Interessen und Hoffnungen der Beteiligten hinwegging.[112] Das alles zeigt, daß es möglich ist, als Außenstehender die Ansichten von Menschen (z. B. von Menschen, die in fremden Kulturen leben) *besser* zu verstehen, als es die Menschen selbst tun, die die Erfinder und Anwender dieser Ansichten (Theorien, Einstellungen) sind. Um fremde Leistungen zu verstehen, müssen wir nicht zuvor die kulturellen Eigentümlichkeiten – den Kontext, den Rahmen – schon verstanden haben. Wir benötigen lediglich für den Anfang eine Theorie (oder mehrere konkurrierende Theorien) über die fremden Leistungen, über Bestandteile des Kontextes, z. B. eine Theorie über die Sprache, die wir kritischen Prüfungen unterwerfen und im Verlauf der Forschung verbessern oder aufgeben.

Aber paßt der Relativismus nicht besonders gut zu offenen Gesellschaften, in denen verschiedenartige Lebensstile nebeneinander existieren? Vielleicht begünstigt der Relativismus auch die Toleranz, weil er die Auffassung nahelegt, daß wir andere, fremde Traditionen nicht wirklich *beurteilen* können?[113] Tatsächlich scheinen nicht wenige Menschen den Relativismus in diesem Sinne aufzufassen. Andererseits können relativistische Auffassungen auch Desinteresse an anderen Kulturen begünstigen, Desinteresse auch an dem Unglück, das Menschen in anderen Kulturen widerfährt – z. B. als Folge bestimmter Annahmen über die Wirklichkeit. Der Relativismus eignet sich unter Umständen auch als *Abwehrstrategie*, als ein Instrument, das die jeweils eigenen Leistungen und Untaten vor der Kritik schützt. Sobald der Relativismus mit der Idee verknüpft wird, die eigene Kultur, Rasse oder Klasse sei in bestimmten Hinsichten privilegiert, verwandelt er sich in eine Doktorin, die totalitäre und imperialistische Neigungen begünstigt. In diesem Sinne machte etwa die NS-Ideologie von relativistischen Argumenten Gebrauch. Die Qualität bestimmter Leistungen – z. B. von Theorien und Kunstwerken – wurde von ihrer Zugehörigkeit zu einem bestimmten Volk bzw. auch einer Rasse abhängig gemacht. Dies spielte zwangsläufig bei der *Bewertung* der Leistungen eine Rolle, wie das Beispiel der sogenannten »jüdischen Physik« zeigt.[114]

Relativistische Auffassungen funktionieren auch im Sinne sich selbst erfüllender Prophezeihungen: Wenn wir glauben, daß es unüberwindbare Barrieren gibt – etwa linguistische oder paradigmatische – dann stabilisieren wir die Grenzen. So betrachtet ist die nicht am Ideal der Begründung orientierte Kritik ein Mittel, die Grenzen zu destabilisieren, zu überschreiten.

Die Auseinandersetzung mit dem Relativismus spielt auch in den nun folgenden Abschnitten eine Rolle.

11.3 Fortschritt

Erst allmählich setzte sich die Auffassung durch, daß die Natur – entgegen einer stoischen These – keineswegs vollendet, sondern verbesserungsbedürftig ist und durch technische Eingriffe verändert werden kann. Diese Entwicklung korrespondierte mit der »Rehabilitierung der theoretischen Neugierde«,[115] die im Mittelalter unter dem Verdacht der Sünde stand. Einen kleinen Einblick in die damit verbundenen Auseinandersetzungen können wir uns verschaffen, indem wir die berühmten Thesen betrachten, die der Bischof von Paris im Jahre 1277 verurteilte.[116] Weder dieses Urteil noch andere Widerstände verhinderten jedoch die Einsicht, daß Erkenntnisfortschritte über den Bereich des sinnlich Erfahrbaren hinaus möglich und erwünscht sind. Das in der Neuzeit einsetzende Wissenswachstum in den Naturwissenschaften »wurde zum Paradigma des Fortschritts in allen Bereichen«.[117]

Spätestens im letzten Drittel des 19. Jahrhunderts betrachteten viele Philosophen die Geschichte als einen Fortschrittsprozeß, an dem die gesamte Menschheit teilhat. Die bessere Wirklichkeit lag fortan nicht mehr in einem fernen Land – in Utopia –, sondern in der Zukunft, ein Vorgang, den Koselleck die »Verzeitlichung der Utopie«[118] genannt hat. Damit erhielt die Geschichte einen vermeintlich objektiven Sinn (9.2). Die neuzeitlichen Geschichtsphilosophen stellten den Fortschrittsgedanken in einen weltanschaulichen Kontext, der es ermöglichte, die Härte gegenwärtiger Lebensbedingungen (etwa die von Industriearbeitern) als vorübergehende Begleiterscheinungen eines universellen Geschehens zu deuten.

»Was sich prima facie zufällig und sinnlos ausnimmt, was schlechthin zerrissen erscheint, gehorcht einer höheren Einheit und Vernunft, einem verborgenen Gesetz«,[119] so faßt der Horkheimer-Schüler Alfred Schmidt diesen Aspekt Hegelscher und Marxscher Philosophie zusammen.

Eine plausible Variante der Fortschrittsidee muß demgegenüber die These enthalten, daß sich etwaige Fortschritte bereichsspezifisch vollziehen. Positiv bewertete Veränderungen in einem Bereich, etwa in der Wissenschaft, haben keineswegs zwangsläufig entsprechende Veränderungen in anderen Bereichen, beispielsweise in der Technik, zur Folge. Und Fortschritte in einem Bereich können Störungen und Rückschritte in anderen Bereichen nach sich ziehen. Ein Merkmal der modernen Welt ist doch die »Ausdifferenzierung von Wertsphären« (Max Weber): Moral, Wissenschaft, Kunst, Religion u. a. durchlaufen jeweils relativ eigenständige Geschichten, in denen bereichsspezifische Maßstäbe und Problemlösungsmuster verwendet werden.[120] Die »Wertsphären« sind nicht durch einen übergreifenden Fortschrittsprozeß zusammengebunden. Poppers Auffassung von Fortschritt trägt dieser Tatsache Rechnung, wie wir in dem Kapitel über

Kunst und Wissenschaft (8.1) gesehen haben. Fortschritte in ethischer Hinsicht hält er für möglich (5.2). Insgesamt erscheint es ihm lohnenswert, sich auf die »Suche nach einer besseren Welt« zu begeben. Doch das einzige Unternehmen, dessen Geschichte – im großen und ganzen – eine Geschichte vieler Fortschritte ist, dürfte die Wissenschaft sein.[121] Bei der Anwendung des Wissens ist die Situation schon viel uneindeutiger. Popper nennt logische Kriterien, um Erkenntnisfortschritte besser identifizieren zu können.

1. Eine neue (bessere) Theorie muß mit der Vorgängertheorie – also derjenigen Theorie, die sich auf identische oder verwandte Probleme bezieht – kollidieren. Es müssen logische Beziehungen zwischen diesen Theorien bestehen.
2. Außerdem sollte die neue Theorie den Erfolg der älteren, konkurrierenden Theorie erklären, indem sie diese berichtigt (OE 226).
3. Dabei soll sie »womöglich Dinge erklären, die die alte Hypothese nicht erklären oder voraussagen konnte« (AdS 51).

Poppers Fortschrittsidee ist an der Evolutionstheorie orientiert: Fortschritte, also Veränderungen, die wir positiv bewerten, können als Optimierungsprozesse begriffen werden, die durch Versuch und Irrtumsbeseitigung zustandekommen. Es gibt keine Garantie dafür, daß sich Fortschritte ereignen; sie sind aber möglich. Doch inwieweit lassen sich eigentlich evolutionstheoretische Annahmen, etwa die der Selektion, auf nicht-biologische Bereiche anwenden? Die Antworten auf diese Frage fallen unterschiedlich aus und sind Gegenstand zahlreicher Kontroversen. Campbell unterscheidet in diesem Zusammenhang »zwei Hauptformen« der evolutionären Erkenntnistheorie:[122] Die evolutionäre Erkenntnistheorie$_1$ versucht, die Entstehung der Erkenntnisorgane zu erklären, und entwickelt auch Thesen über etwaige Leistungsbeschränkungen dieser Systeme, während die evolutionäre Erkenntnistheorie$_2$ darüber hinaus noch die Entwicklung des Wissens evolutionstheoretisch deutet. Popper vertritt die zuletzt genannte Variante. Er hält es überdies für möglich, auch andere Kulturleistungen aus evolutionstheoretischer Perspektive zu betrachten – beispielsweise die Kunst, die zu den »Gegenständen« der Welt 3 gehört. Deren ontologischer Status sowie die Verschiedenheit der Bewohner dieser Welt sind ebenfalls Ausgangspunkte für etliche Kontroversen und Kommentare.[123]

Einige Aspekte der evolutionstheoretischen Variante der Fortschrittsidee möchte ich nun in Thesen zusammenfassen:

1. Fortschritte sind meistens unvorhersagbar; das gilt insbesondere auch für den Zeitpunkt, an dem sie zustande kommen. Zwar können wir bestimmte Trends vermuten, mehr aber nicht (9.1).

2. Fortschritte bewegen sich auch nicht auf ein Endziel zu; deswegen können vernünftigerweise keine »Endhoffnungen« (M. Weber) an sie geknüpft werden.

3. Fortschritte – Erkenntnisfortschritte ebenso wie etwaige Fortschritte in anderen Bereichen – sind keine bloßen Wachstumsprozesse. Sie sind auch nicht an ein ständiges Wirtschafts- und/oder Energiewachstum gebunden.

4. Viele Veränderungen, die wir als »Fortschritte« bewerten, kommen als *ungeplante* Produkte unseres Handelns zustande.

5. Jede Behauptung, derzufolge ein Fortschritt stattgefunden habe, setzt unter anderem die Verwendung bestimmter Maßstäbe und Kriterien voraus. Sowohl die Formulierung als auch die Anwendung solcher Maßstäbe und Kriterien sind fehlbare und kritisierbare Angelegenheiten.

6. Fortschritte hängen vor allem damit zusammen, daß wir aus unseren Fehlern (die unvorhersehbaren Folgen unseres Handelns eingeschlossen) lernen können.

7. Die meisten Fortschritte rufen Nebenwirkungen hervor, vorhersehbare und unvorhersehbare, erwünschte und unverwünschte.

Eine der Nebenwirkungen haben wir bereits unter 4.4 kennengelernt: Fortgeschrittenes Wissen enthält viele abstrakte und fremde Theorien, die mit unseren Intuitionen und Erfahrungen (bzw. mit den durch Erfahrungen scheinbar gestützten Annahmen) kollidieren. In letzter Zeit haben Hoffnungen und Verheißungen Konjunktur, die mit einer Bewegung zusammenhängen, die als »New-Age« bezeichnet wird. Ein zentraler Gedanke der verschiedenen »New-Age«-Strömungen besteht in der Erwartung, daß wissenschaftliche Theorien, Erfahrungen und sogar spirituelle Sehnsüchte in Einklang gebracht werden können. Capra spricht sogar von einer bevorstehenden vollkommenen Harmonie.[124] Und Altner denkt an eine »alternative Naturwissenschaft«, deren Vorläufer Goethe war:

»Erfahren, schauen, beobachten, betrachten, verknüpfen, entdekken, erfinden, das sind die Methoden, die Goethe in seiner Naturwissenschaft ins Spiel bringt. Man darf hier keine falschen Gegensätze erzeugen. Goethe ist durchaus für Experimente, aber eben für solche, bei denen es mittels der menschlichen Sinne oder der instrumentell verlängerten Sinne zu einer lebendigen und unmittelbaren Anschauung der Natur kommt.«[125]

Einmal abgesehen von diesem sehr engen Wissenschaftsverständnis, das die Wissenschaft auf die Anschauung festlegt – die Hoffnung, sinnliche Erfahrung und Erkenntnis zu vereinen, ist schon alt; sie ist beispielsweise auch ein Bestandteil der Mystik. S. H. Nasr, ein Theoretiker des Islam, glaubt an eine (für den Sufismus charakteristische) sinnliche Spiritualität, »die keine Trennung zwischen der Sinnenhaftigkeit der Welt und der Erleuchtung des Geistes kennt«.[126]

Steht uns gar eine Wiederverzauberung der Welt bevor? Popper sieht durchaus einige Hypothesen der gegenwärtigen Physik und Biologie, die *bestimmten Aspekten* des gesunden Menschenverstandes besser entsprechen als etwa die klassische Physik. So wird z. B. die Zeit, die zu vergehen scheint, heutzutage von vielen Physikern nicht mehr als eine Illusion betrachtet. Die Zeit könnte, wie wir es intuitiv vermuten, objektiv sein. Nach Poppers Überzeugung paßt die von ihm behauptete Offenheit und Emergenz der Welt gut zu unserer Vorstellung – oder auch Hoffnung –, der Mensch sei in der Lage, in gewissen Grenzen freie Entscheidungen zu fällen (OE 281 f.). Doch was für einige Bestandteile des vorläufigen Wissens zutreffen mag, gilt nicht für die übrigen. Abstraktheit und Fremdheit scheinen unvermeidbare Konsequenzen der Erkenntnisfortschritte zu sein. Längst haben sich Wissenschaftler darauf eingestellt, daß viele ihrer vorliegenden und zukünftigen Theorien unanschaulich und kontraintuitiv sind. Für den Evolutionsbiologen Richard Dawkins beispielsweise muß die Theorie über den Ursprung des Lebens »zwangsläufig eine Theorie sein, die unserer begrenzten, an die Erde gebundenen, an Jahrzehnte gebundenen Vorstellungskraft unglaubwürdig erscheint«.[127]

Nun wäre es im Prinzip möglich, die Suche nach Erkenntnissen aufzugeben, die mit unseren Intuitionen und Wunschvorstellungen kollidieren. Allerdings hätte dies zur Folge, die Chance zu verspielen, wenigstens einige der drängenden und schwierigen Probleme zu lösen, mit denen wir konfrontiert sind. In der Aids-Forschung – um nur irgendein Beispiel zu nennen – dürften wir mit einer »lebendigen und unmittelbaren Anschauung der Natur« (Altner) nicht weiterkommen. (Hierfür sind Viren ja doch ein bißchen zu klein, und außerdem ist jede vermeintlich »unmittelbare« Anschauung theoriegetränkt.) Von einer alternativen Wissenschaft erwarten ihre Verfechter solche Techniken, die die Umwelt schonen (oder gar mit ihr in Einklang stehen). Überdies wird gelegentlich die Hoffnung geäußert, daß die New-Age-Wissenschaft Erkenntnisse liefert, die gegen Mißbrauch abgesichert sind und daher zwangsläufig unserem Wohlergehen dienen. Doch jede Theorie hat, wie wir bereits festgestellt haben, unerwartete, überraschende praktische sowie theoretische Konsequenzen. Vollmer zieht als Beispiel die Primzahlenforschung heran, ein Gebiet, das überhaupt nicht im Hinblick auf irgendwelche Anwendungsmöglichkeiten entwickelt wurde. Und doch diente die Zahlentheorie im 1. Weltkrieg als ein Mittel, um geheime Codes für militärische Zwecke herzustellen. »Wer hätte je gedacht, daß ausgerechnet die unschuldigen Primzahlen einmal dazu herhalten würden, militärische Geheimnisse zu verschlüsseln und somit effektiver Menschen zu töten?«[128]

Fortschritte bleiben ambivalent, und viele unserer Versuche, Fortschritte zu erreichen, scheitern. Sobald wir in komplexe und dynamische Wirklichkeiten eingreifen, ist es überdies schwierig, aus Fehlern zu lernen. Denn die Fehler »... zeigen sich dort erst lange Zeit, nachdem wir sie begangen haben, und wir erkennen sie vielleicht gar nicht mehr als Konsequenzen unseres Verhaltens«.[129] Das zeigt einmal mehr die Dringlichkeit, nach fehlerfreundlichen technischen Systemen zu suchen. Hierfür bleiben wir aber auf Erkenntnisfortschritte angewiesen. Wir brauchen sie – trotz ihrer Ambivalenz.

12. Poppers Lebenswerk: eine Lanze für die Vernunft

Im Laufe seines langen Lebens hat Popper nie aufgehört, die Vernunft zu verteidigen. Doch gerade sie, die Vernunft bzw. die Idee der Vernunft, wird verdächtigt, an vielen Übeln dieser Welt schuld zu sein. Die (abendländische) Vernunft ist ein Tyrann, sie beschädigt Lebenswelten, zerstört fremde Kulturen. Ihre »Irrwege« (Paul Feyerabend) entfernen uns vom wirklichen Leben.

Popper bestreitet gar nicht die Folgelasten vieler Prozesse, die – mehr oder weniger – mit der Vernunft zusammenhängen. (Das ist nicht in allen Fällen klar, weil viele Ereignisse, Strukturen und Abläufe die Ergebnisse ungeplanter und unverstandener Entwicklungen sind.) Doch für Popper bieten die westlichen demokratischen Gesellschaften – bei all ihren Mängeln – die besten Lebensbedingungen, die es je gegeben hat. Und selbst wenn es zutreffen sollte, daß der Untergang der Menschheit vernunftbedingt beschleunigt wird – was nach Popper keineswegs klar ist – bliebe immer noch die Frage, ob die »bloße Länge des Überlebens das einzige ist, was wir wollen« (OG$_1$ 435).

Zwar läßt sich Poppers Idee der Vernunft nicht besser charakterisieren als durch die Bereitschaft, Kritik zuzulassen – sie umfaßt jedoch einen *konstruktiven* und einen *destruktiven* Teil, die sich zwar nicht säuberlich trennen, aber immerhin unterscheiden lassen. Das konstruktive Geschäft der

Vernunft besteht darin, »Brücken zu bauen« (ein Ausdruck von Hans Albert) – Brücken zwischen den verschiedenen Wissensbereichen und unterschiedlichen Kulturbereichen. Dazu bedarf es wiederum der Kritik. Ein Beispiel für solch eine konstruktive Leistung ist Poppers Versuch, eine vorläufige Theorie der Natur zu entwickeln (10), wobei er Hypothesen aus mehreren Disziplinen –Physik, Biologie, Kosmologie – miteinander verknüpft. Beispiele eher destruktiver Kritik nennt Popper u. a. in seinem Aufsatz »Wie ich die Philosophie sehe« (AdS 193–211). Wir Menschen vertreten – oft unbewußt – bestimmte Alltagstheorien, die wir niemals kritisch geprüft haben. So ist z. B. die Auffassung verbreitet, »... irgend jemand müsse verantwortlich sein, wenn etwas Böses (oder etwas äußerst Unerwünschtes) in dieser Welt geschieht ...« (AdS 202).

Wir neigen dazu, bestimmte Gruppen oder Instanzen verantwortlich zu machen – etwa die Juden, den Westen, das Kapital, die Vernunft, die Männer. Popper spricht in diesem Zusammenhang von »Verschwörungstheorien«. Eine kritische Prüfung zeigt jedoch, daß diese Alltagstheorie meistens falsch ist bzw. nur hin und wieder einmal stimmen mag. Wirkliche Verschwörungen, die tatsächlich vorkommen, erreichen nur selten (oder nur vorübergehend) ihre Ziele. Viele Zustände und Entwicklungen in der Welt können wir nicht bestimmten Gruppen oder Verschwörern zuschreiben. Psychologische Experimente zeigen übrigens, wie verheerend sich solche Verschwörungstheoreme auf das Problemlöseverhalten auswirken.[130]

Ein weiteres Beispiel für eine fragwürdige Alltagstheorie ist die Überzeugung, daß es auf die guten Absichten, die edlen Motive oder eine demütige Haltung ankommt, wenn positive Ergebnisse erzielt werden sollen. Doch gute Absichten wiegen uns in trügerischer Sicherheit. »Das Hegen guter Absichten ist eine äußerst anspruchslose Geistestätigkeit ... Leute mit guten Absichten haben gewöhnlich nur geringe Hemmungen, die Realisierung ihrer Ziele in Angriff zu nehmen.«[131]

Statt Poppers Idee der Vernunft weiter zu beschreiben oder gar zu definieren (4.3), fassen wir nun deren wichtigsten Bestandteile in der Form von Empfehlungen zusammen:

Betrachte Deine Vermutungen nicht als unaufgebbare Teile Deiner Person! Manchmal kann es vorteilhaft sein, auch die unausgesprochenen, impliziten Annahmen sprachlich zu rekonstruieren und kritischen Prüfungen zu unterwerfen. Weil jede Erfahrung mit unterschiedlichen Theorien verträglich ist, solltest Du – sofern Du an Erkenntnisfortschritten interessiert bist – keine Erfahrungen heranziehen, um Deine Hypothesen zu bestätigen oder zu begründen. Auch außergewöhnliche Erlebnisse und Stimmungen – etwa Meditationserlebnisse – solltest Du nicht als Besitz von Wissen mißverstehen. Verwende Erfahrungen vor allem im Kontext kritischer Prüfungen! Aber alle Quellen der Erkenntnis solltest Du nutzen, doch keine einzige mit besonderer Autorität ausstatten. Überliefertes Wissen, Schlagzeilen einer Boulevard-Zeitung, Offenbarungserlebnisse, Experimente, Intuitionen – sie können Anlässe sein, neue Hypothesen zu erfinden, kritisch zu prüfen und zu verbessern. Es wäre unvernünftig, die Möglichkeiten der Vernunft zu überschätzen. Die Idee der Vernunft ist keineswegs voraussetzungslos, sondern Bestandteil einer Tradition. Ob sie zum Zuge kommt, hängt unter anderem auch von materiellen und politischen Bedingungen ab. Es gibt Situationen in Deinem Leben, in denen es vernünftig ist, auf kritische Prüfungen zu verzichten – dabei spielen Deine Ziele und Wünsche eine Rolle. Trotzdem solltest Du die vernünftige Haltung (die Bereitschaft, aus kritischen Argumenten zu lernen) nie völlig aufgeben. Versuche insbesondere auch, Deine ethisch relevanten Entscheidungen durch kritische Argumente einzugrenzen. Rechne dabei aber mit unlösbaren Wertkonflikten. Rede und schreibe so einfach und so klar wie möglich. Orientiere Dich vorwiegend an Aussagen und nicht an Begriffen. Die Exaktheit ist kein Wert an sich; sie kann trügerisch sein.[132] Es hängt von der Problemsituation ab, wie exakt Deine Lösungsversuche ausfallen müssen. Vernünftig ist es, wenn Du den bislang bewährten, gut geprüften Theorien den Vorzug gibst. Rechne aber damit, daß auch diese falsch sein können. Laß Dich nicht von Experten einschüchtern! Zwar gibt es tatsächlich Experten, darunter solche, von denen Du lernen kannst, aber keine Autoritäten (keine autoritativen Quellen). Die Fehlbarkeit der menschlichen Vernunft scheint unaufhebbar zu sein. Versuche aber, aus Deinen Fehlern zu lernen.

Diese Empfehlungen, die Poppers Idee der Vernunft entsprechen, sind natürlich – seinen Maßstäben zufolge – ihrerseits kritisierbar.

Popper meint, die Entscheidung für die Vernunft sei eine ethische Entscheidung – die wichtigste vielleicht, die wir treffen können. Aber sie erscheint ihm letztlich als eine irrationale Angelegenheit. Sobald wir uns nämlich bemühen, Argumente für oder gegen diese Entscheidung, für oder gegen die Vernunft zu finden, handeln wir bereits vernünftig. Dabei ist allerdings zu beachten, daß die Idee der Vernunft nicht *begründet* zu werden braucht. Den Entschluß, alles für die Kritik offenzuhalten, können wir ebenfalls kritisieren. Besteht also die Möglichkeit der Selbstanwendung? Oder scheitert sie an Antinomien?[133] Poppers Idee der Vernunft hängt natürlich sehr eng mit seinem eingangs skizzierten Lösungsvorschlag (1.) für das Problem des Wissenswachstums zusammen. Diese Idee ist kein einigendes Band; vielmehr läuft sie darauf hinaus, Vielfalt herzustellen und zu nutzen. Den Pluralismus teilt der Kritische Rationalismus Poppers mit vielen Varianten skeptischer Philosophie. Er betont allerdings die Rolle der Kritik als ein Instrument der Auslese und damit emergenter Entwicklungen. Den Hoffnungen und Verheißungen, eine einheitsstiftende Instanz zu finden, hält Popper die *Notwendigkeit der Gewaltenteilung* entgegen. Aus der Perspektive seiner ideenorientierten Geschichtsauffassung muß es besonders wichtig erscheinen, die von Ideen ausgehenden Gewalten, die an sie geknüpften Hoffnungen und Verlockungen in Schach zu halten – durch

Vielfalt und Kritik, die auch institutionell verankert sein müssen. Das, was zuweilen »Versöhnung« genannt wird, ist ein Irrlicht. »Gäbe es kein Babel, so müßte man es erfinden.« (AdS 173)

Glossar

Dieser Glossar ist sicherlich nicht vollständig. Ich habe mich vor allem an Problemen orientiert, die in dieser Einführung erwähnt werden.

ABGRENZUNGSPROBLEM
Was unterscheidet die Wissenschaften von metaphysischen Entwürfen? Poppers Antwort auf diese Frage lautet: Die Wissenschaften stellen Theorien her, die falsifizierbar sind, die an der Erfahrung scheitern können. Popper hat diese Antwort später modifiziert: Wissenschaftliche Theorien sollen kritisierbar sein. Die Übergänge zwischen Metaphysik und Wissenschaft sind fließend. Poppers Antwort auf das Abgrenzungsproblem soll die Ergebnisse der Wissenschaft – also die Theorien – nicht festlegen. Es geht auch nicht so sehr um eine Klassifikation: »It was, rather, an urgent practical problem: under what conditions is a *critical appeal to experience* possible . . .« (PS$_1$ 174)

A PRIORI/A POSTERIORI
a priori werden Voraussetzungen der Erkenntnis genannt, die Erkenntnisgewinnung erst ermöglichen. Sie stammen nicht aus der Erfahrung (a posteriori). Popper deutet diese Unterscheidung mit Hilfe der Evolutionstheorie (2.4).

AUSDRUCKSTHEORIE
Diese Theorie behauptet: Die Produkte der Menschen – Theorien, Kunstwerke u. a. – sind im wesentlichen ein Ausdruck der persönlichen Situation, des Zeitgeistes, der soziokulturellen Bedingungen. Popper kritisiert diese Theorie mit Hilfe der Bühlerschen Sprachtheorie (3.1). Wenn die Ausdruckstheorie wahr wäre, dann wären große Teile der Popperschen Philosophie falsch (8.1).

AUSSAGE

Aussagen sind quasi-objektive Gebilde, die in logischen Beziehungen zueinander stehen. Wir können sie klassifizieren und kritisieren. Die Wissenschaften stellen Bündel von Aussagen her (= Theorien), die einen Informationsgehalt besitzen (4.3).

AUTORITATIVE QUELLE

Damit sind Erkenntnisquellen gemeint, aus denen vermeintlich sicheres Wissen geschöpft werden kann. Die Hoffnung, solche Quellen zu finden oder gar der Anspruch, über eine solche zu verfügen, begünstigen dogmatische und totalitäre Einstellungen und Handlungsweisen.

BEGRÜNDUNG

Müssen wir nicht für alle Behauptungen eine Begründung – im Idealfall eine sichere Begründung – verlangen? Popper verneint diese Frage. Er ersetzt die Idee der Begründung durch die Idee der rechtfertigungsfreien Kritik (1).

BASISPROBLEM

Auf welchem Fundament ruht unsere Erkenntnis, auf welcher Basis errichten wir unsere Theorien – etwa auf der Erfahrung? Es gibt überhaupt keine Basis. Wir konstruieren Theorien und unterwerfen sie kritischen Prüfungen (2.2).

DEDUKTIVISMUS

Dieses Wort wird in der vorliegenden Arbeit nicht verwendet. Es ist für die Poppersche Alternative zum Induktivismus erfunden worden: Theorien werden nicht durch Hinweise auf Erfahrungen bestätigt, bewiesen oder begründet, sondern an ihren Konsequenzen (deduktiv) gemessen (2.1).

DETERMINISMUS

Der Determinismus ist eine Lehre über die Welt, die behauptet, daß alle Erkenntnisse kausal festgelegt sind. Die Zukunft ist in der Vergangenheit enthalten. Wenn die Welt tatsächlich so wäre, müßten alle Wissenschaften deterministische Hypothesen zu entwickeln versuchen. Popper kritisiert den Determinismus, wobei er auch Ergebnisse der Naturwissenschaften heranzieht (9; 10).

EMERGENZ

Es gibt Neues unter der Sonne – im Verlauf der Evolution entstehen z.T. unvorhersehbare emergente Strukturen, die einige Ergebnisse vorangegangener Entwicklungen beeinflussen, steuern (2.4; 10).

ERFAHRUNG

Erfahrungen, die immer theoriegetränkt sind, stellen Anlässe dar, um neue Hypothesen zu erfinden und um Hypothesen kritisch zu prüfen. Diejenigen, die gerne ihre Überzeugungen bestätigen wollen, finden immer entsprechende Erfahrungen. Es ist schwierig, mit Erfahrungen so umzugehen, daß Erkenntnisfortschritte möglich werden (4.4). Jede Erfahrung ist mit unterschiedlichen Theorien verträglich.

FALLIBILISMUS

Dieser Ausdruck wird manchmal mit dem Ausdruck »kritischer Rationalismus« gleichgesetzt. Alle Erkenntnisse sind unsicher, vorläufig, fehlbar.

FALSIFIKATION

Damit wird der Vorgang des Scheiterns einer Theorie bezeichnet. Eine Theorie kann scheitern, weil sie das Auftreten bestimmter Ereignisse verbietet. Eine vieldiskutierte Frage lautet: Welche Rolle spielen Falsifikationen in der Geschichte der Wissenschaft (11.2)?

FALSIFIZIERBARKEIT

Das ist eine logische Beziehung zwischen der zu prüfenden Theorie und den Basissätzen (2.1; 11.2). Falsifizierbarkeit wird manchmal mit Falsifikation verwechselt.

FORTSCHRITT

Fortschritte nennen wir Veränderungen, die wir positiv bewerten. Popper deutet Fortschritte evolutionstheoretisch (11.3).

FÜHRERPRINZIP

Dahinter steht die – von Popper heftig kritisierte – Idee, zur Lösung bestimmter Probleme sei es entscheidend, die richtigen Leute (Führer) zu finden. Die Frage *Wer soll regieren*? provoziert die riskante Suche nach politischen Führern (und Führerinnen) (6.2).

FUNDAMENTALISMUS

In dieser Arbeit wird *Fundamentalismus* im erkenntnistheoretischen Sinne verwendet. Damit sind alle Erkenntnistheorien gemeint, die behaupten, es existiere ein Fundament der Erkenntnis, auf dem das Wissen sicher erbaut werden könne (1). Erkenntnistheoretische Fundamentalismen begünstigen u. U. politische Fundamentalismen.

GESETZ

Gesetze sind Hypothesen über Regelmäßigkeiten in der Welt. Sie haben einen hohen Informationsgehalt.

GLAUBE

Ein Mensch, der einen Glauben hat, betrachtet bestimmte Vermutungen als Bestandteile seiner Person oder seiner Identität. Er verzichtet darauf, mit Hilfe der Sprache diese Überzeugungen von der Person abzukoppeln (3.1; 7.2).

HISTORIZISMUS

»Der Historizismus ist auf der Suche nach dem Weg, den die Menschheit zu wandeln bestimmt ist . . .« (OG$_2$ 333) Er gibt eine positive Antwort auf die Frage, ob die Geschichte einen Sinn habe (9.2).

HYPOTHESE

Das gesamte Wissen besteht ohne Ausnahme aus Hypothesen. Die Begriffe *Hypothese, Aussage, Behauptung* und *Theorie* werden bei Popper oft (und auch in der vorliegenden Arbeit) als annähernd bedeutungsgleich verwendet.

INDETERMINISMUS

Der Indeterminismus ist die Lehre, »daß *nicht alle* Ereignisse in der physikalischen Welt völlig genau in allen ihren kleinsten Einzelheiten vorherbestimmt sind« (OE 245).

INDUKTIONSPROBLEME

Induktionsproblem$_1$: Sind wir berechtigt, induktiv zu schließen? Können wir unsere Aussagen wengistens wahrscheinlicher machen, indem wir auf Erfahrungen verweisen bzw. Beobachtungsaussagen als wahr akzeptieren? Die Antwort Humes und Poppers lautet: Nein (2.1).

Induktionsproblem$_2$: Warum glauben wir trotzdem, daß zukünftige Erfahrungen den gegenwärtigen entsprechen werden? Lernen wir induktiv, also indem wir Erfahrungen verallgemeinern? Poppers Antwort auf diese Frage erfolgt im Kontext der Evolutionstheorie (2.4).

KRITISCHER RATIONALISMUS

Der Kritische Rationalismus ist der Versuch, die kritische Einstellung auf so viele Gebiete wie möglich auszudehnen (A 164), und steht als Bezeichnung für die an Poppers Arbeiten orientierte Philosophie.

KRITIK

Die Kritik ersetzt die Begründung. Es ist nicht ein für allemal festgelegt, welche Mittel (Verfahren) der Kritik es gibt. Kritik stellt ein überkulturelles Instrument dar, das die exosomatische Evolution vorantreibt (2.4; 5.2).

OFFENHEIT
Offenheit scheint ein strukturelles Merkmal der Welt zu sein (10).

PARADIGMA
Mit dem Begriff »Paradigma« bezeichnet Kuhn einen Rahmen, innerhalb dessen eine Gemeinschaft von Wissenschaftlern ihre Probleme zu lösen versuchen (11.1). »Paradigma« ist zu einem verbreiteten Modewort avanciert. Viele Leute tragen inzwischen keine Meinungen, Theorien oder Hypothesen mehr vor, sondern vertreten ein »Paradigma«.

POSITIVISMUS
Gemeint ist der logische Positivismus des Wiener Kreises (auch logischer Empirismus genannt). Er bemüht sich um eine positive Antwort auf das Basisproblem (2.2).

RADIKALER KONSTRUKTIVISMUS
Der Radikale Konstruktivismus behauptet, daß das Nervensystem ein informationell geschlossenes System ist. Er interpretiert Erkenntnis unter Zuhilfenahme evolutionstheoretischer Annahmen und kommt dabei zu anderen Ergebnissen als die Vertreter der evolutionären Erkenntnistheorie (11.1).

REALISMUS
Der Realismus ist die metaphysische These, derzufolge die Welt wirklich existiert. Unsere Hypothesen beziehen sich auf Aspekte der Welt (11.1).

REDUKTION
Eine Reduktion ist der Versuch, Theorien einer Wissenschaft (etwa der Biologie) auf Theorien einer *grundlegenderen* Wissenschaft (etwa der Physik) zurückzuführen. Versuche dieser Art können sehr lehrreich sein, auch wenn sie zum Scheitern verurteilt sind (2.2).

REGULATIVE IDEE
Regulative Ideen sind bereichsspezifische Orientierungsmarken für unser Handeln; sie liefern übergeordnete »Wertgesichtspunkte« (Albert) für die Praxis. Sie unterscheiden sich von konkreten Zielen, unter anderem sind sie oft vergleichsweise vage (z. B. Wahrheit, Friedenssicherung).

RELATIVISMUS
Die Grundthese des Relativismus lautet: Die Gültigkeit von Argumenten, von Erkenntnissen ist kontextabhängig (11.2).

SITUATIONSLOGIK BZW. SITUATIONSANALYSE
Dabei handelt es sich um eine Art der Erklärung menschlichen

Handelns. Bestandteil dieser Erklärung ist die Rekonstruktion der Problemsituation und der Hypothesen, von denen sich handelnde Personen leiten lassen (11.2).

SPRACHE
Die Sprache hat mehrere Funktionen. Nach Popper ist sie insbesondere das Medium exosomatischer Evolution (3.1).

STÜCKWERKTECHNOLOGIE
Angesichts der Komplexität der Wirklichkeit und der Fehlbarkeit der menschlichen Vernunft empfiehlt Popper, Reformen durchzuführen, die sich aus möglichst korrigierbaren, kleinen Schritten zusammensetzen. Regulative Ideen können den Reformen – und der Politik insgesamt – eine Richtung geben. Es dürfte klar sein, daß diese Politik der kleinen Schritte unter bestimmten Bedingungen nicht möglich ist (6.2).

THEORIE
Theorien sind Systeme von Sätzen, die beschreiben und erklären (s. Aussage und Hypothese).

UTOPIE
Utopien sind großangelegte Entwürfe besserer Welten, in denen Werturteile und Hypothesen miteinander verquickt sind. Der Umgang mit Utopien scheint uns Menschen zu überfordern; sie machen uns häufig ungeduldig und intolerant (11.3).

VERNUNFT
Poppers Idee der Vernunft umfaßt verschiedene Aspekte. Im Vordergrund steht die Bereitschaft, Kritik anzunehmen und die Überzeugungen nicht als Bestandteile der Person, als *Besitz* von Wissen zu betrachten (11.4).

VERSUCH-IRRTUM-METHODE
Auf ihr beruhen die Fortschritte in den Wissenschaften und in anderen Bereichen. Popper zieht zur Deutung dieses Verfahrens, das eigentlich Versuch und Irrtums- oder Fehlerbeseitigung heißen sollte, evolutionstheoretische Annahmen heran (2.4).

WAHRHEIT
Wahrheit dient als regulative Idee im Erkenntnisbereich; Popper begreift sie als eine Eigenschaft von Sätzen (3.2).

WAHRSCHEINLICHKEIT
Wahrscheinlichkeiten sind Merkmale der Wirklichkeit, nicht jedoch unserer Hypothesen (11.2).

WERTURTEIL

Aus Theorien über die Wirklichkeit lassen sich keine Werturteile ableiten. Die Welt ist weder gut noch böse noch sinnvoll. Wir bewerten bestimmte Aspekte der Welt und müssen wertbezogene Entscheidungen fällen, die wir mit Hilfe kritischer Argumente allerdings eingrenzen können (4.2).

Anmerkungen

1 Vgl. H. Spinner, *Begründung, Kritik und Rationalität*, Bd. 1, Braunschweig 1977.

2 Vgl. H. Albert, *Traktat über kritische Vernunft*, Tübingen 1980[4]; J. A. Alt, *Vom Ende der Utopie in der Erkenntnistheorie*, Königsstein 1980; H. Spinner, *Pluralismus als Erkenntnismodell*, Frankfurt 1974.

3 F. Bacon, *Neues Organon der Wissenschaften*, Darmstadt 1981 (Nachdruck der Leipziger Ausgabe von 1830), S. 22.

4 D. Hume, *Eine Untersuchung über den menschlichen Verstand*, Stuttgart 1976, S. 56.

5 Metaphysische Bestandteile in Keplers Theorie erörtert K. R. Popper, »Kepler: Seine Metaphysik des Sonnensystems und seine empirische Kritik«. In: A. Bohnen / A. Musgrave (Hg.), *Wege der Vernunft*, Tübingen 1991, S. 11–16.

6 R. Carnap, »Über Protokollsätze«. In: *Erkenntnis* 3 (1932/33), S. 215–228, S. 224.

7 M. Schlick, *Die Probleme der Philosophie in ihrem Zusammenhang*, Frankfurt 1986, S. 121.

8 Ebenda, S. 122.

9 K. Bühler, *Die Krise der Psychologie*, Frankfurt / Berlin 1978.

10 M. Schlick, *Allgemeine Erkenntnislehre*, Frankfurt 1979, S. 322 f.

11 Ebenda, S. 172.

12 L. Nelson, »Über das sogenannte Erkenntnisproblem«. In: H.-L. Ollig (Hg.), *Neukantianismus*, Stuttgart 1982, S. 312.

13 Ebenda, S. 315.

14 D. Hume, *Dialoge über natürliche Religion* (1779), Stuttgart 1981.

15 Albert (Anm. 2).

16 Spinner (Anm. 2).

17 Vgl. F. M. Wuketits, *Evolutionstheorien*, Darmstadt 1988; E. Mayr, *Eine neue Philosophie der Biologie*, München 1991.

18 Vgl. D. T. Campbell, »Evolutionary Epistemology«. In: P. A. Schilpp (Hg.), *The Philosophy of Karl Popper*, Bd. 1, La Salle 1974.

19 Vgl. G. Vollmer, *Evolutionäre Erkenntnistheorie*, Stuttgart 1987; K. R. Popper / K. Lorenz, *Die Zukunft ist offen*, München 1985.

20 Vgl. K. R. Poppers Autobiographie A 99–107.

21 A. Tarski, »Der Wahrheitsbegriff in den formalisierten Sprachen«. In: *Studia philosophica* 1 (1936); Poppers Tarski-Rezeption (OE 347–363) ist nicht unumstritten.

22 Vgl. G. Vollmer, »Ordnung ins Chaos? Zur Weltbildfunktion wissenschaftlicher Erkenntnis«. In: *Universitas* 8 (1991), S. 761-773.

23 Zum Programm der Einheitswissenschaft s. R. Hegselmann, »Otto Neurath – Empiristischer Aufklärer und Sozialreformer«. In: O. Neurath, *Wissenschaftliche Weltauffassung, Sozialismus und Logischer Empirismus*, Vorwort, Frankfurt 1979, S. 7–78.

24 H. Mohr, *Biologische Erkenntnis*, Stuttgart 1981, S. 203, 204, 208.

25 D. Käsler, »Soziologie zwischen Distanz und Praxis«. In: *Soziale Welt* 1 / 2 (1984), S. 5–47.

26 Vgl. A. Musgrave, »Theorie, Erfahrung und wissenschaftlicher Fortschritt«. In: H. Albert / K. H. Stapf (Hg.), *Theorie und Erfahrung*, Stuttgart 1979, S. 21–53.

27 Vgl. G. Vollmer, »Diesseits und jenseits des Mesokosmos«. In: *Universitas* 12 (1991), S. 1161–1168; J. A. Alt, »Die Unanschaulichkeit und Fremdheit von Wissensbeständen – eine Herausforderung für die Pädagogik«. In: *Vierteljahresschrift für Wissenschaftliche Pädagogik* 2 (1990), S. 226–235.

28 T. Kuhn, *Die kopernikanische Revolution*, Wiesbaden 1981.

29 Vgl. H. Lübbe, *Geschichtsbegriff und Geschichtsinteresse*, Basel / Stuttgart 1977; O. Marquard, *Apologie des Zufälligen*, Stuttgart 1986; J. Ritter, *Subjektivität*, Frankfurt 1974.

30 Vgl. W. L. Schneider, *Objektives Verstehen*, Opladen 1991.

31 Zur Auseinandersetzung mit der Kompensationsthese vgl.
J. Kocka, »Zwischen Elfenbeinturm und Praxisbezug – Max
Weber und die ›Objektivität‹ der Kulturwissenschaften«. In:
C. Gneuss / J. Kocka (Hg.), *Max Weber. Ein Symposium*,
München 1988, S. 184–194; R. Groh / D. Groh, *Weltbild und
Naturaneignung*, Frankfurt 1991.

32 E. Mayr, *Eine neue Philosophie der Biologie*, Kap. I / 1, München 1991; K. R. Popper PS$_2$ 131–162.

33 N. Rescher, *Die Grenzen der Wissenschaft*, Stuttgart 1985,
Kap. IV u. X.

34 Vgl. K. Lorenz, *Der Abbau des Menschlichen*, München
1983; I. Eibl-Eibesfeldt, *Biologie des menschlichen Verhaltens*,
München 1984.

35 »The fact that God, or any other authority, commands me to
do a certain thing is no guarantee that the command is right.
It is I who must decide whether to accept the standards of
any authority as (morally) good or bad« (FST 385).

36 M. Schlick, *Fragen der Ethik*, Frankfurt 1984; vgl. auch das
Vorwort von Hegselmann (Anm. 23).

37 M. Weber, *Soziologie. Universalgeschichtliche Analyse. Politik*, Stuttgart 1973⁵, S. 275.

38 J. Habermas, *Erläuterungen zur Diskursethik*, Frankfurt 1991.

39 H. Albert (Anm. 2), S. 41.

40 Vgl. K. R. Popper, »Utopie und Gewalt«. In: G. Lührs u. a.
(Hg.), *Kritischer Rationalismus und Sozialdemokratie*, Berlin /
Bonn 1975, 303–315. Die ursprüngliche englische Version in
CuR (Kap. 18).

41 Vgl. J. A. Alt, »Voraussetzungen des Glücks«. In: M. Behr /
U. Esser (Hg.), *Macht Therapie glücklich?*, Köln 1991, S. 7–24.

42 Vgl. Alt (Anm. 2), Kap. 7.4.1.

43 Vgl. Popper (Anm. 40).

44 R. Dahrendorf, *Lebenschancen*, Frankfurt 1979, S. 23.

45 W. Becker, »Philosophischer Absolutismus und lebenspraktische Gewißheit«. In: W. Kuhlmann / D. Böhler (Hg.), *Kommunikation und Reflexion*, Frankfurt 1982, S. 288–304.

46 Vgl. B. Shaw / A. T. Beck, »Die kognitive Therapie der Depression«. In: A. Ellis / R. Grieger (Hg.), *Praxis der rational-emotiven Therapie*, München 1979.

47 A. Ellis, »Klinisch-theoretische Grundlagen der rational-emotiven Therapie«. In: Ebenda; vgl. auch A. Ellis, *Die rationalemotive Therapie*, München 1978[2].

48 Zur Rezeption dieser Ideen in der Bundesrepublik vgl. H. Albert, »Der kritische Rationalismus Karl Raimund Poppers«. In: *Archiv für Rechts- und Sozialphilosophie* 46 (1960), S. 391–415.

49 B. Giesen, *Makrosoziologie*, Hamburg 1980.

50 Ebenda.

51 Poppers Theorie der abstrakten Gesellschaft wurde zunächst in der amerikanischen Ausgabe der *Offenen Gesellschaft* publiziert (1950), in deutscher Sprache 1957. Der Text befindet sich in der hier benutzten Ausgabe auf den Seiten 234–236.

52 Vgl. S. M. Stanley, *Der neue Fahrplan der Evolution*, München 1983.

53 L. Schäfer, *K. R. Popper*, München 1988.

54 Vgl. E. U. v. Weizsäcker, »Qualitatives Wachstum«. In: G. Altner (Hg.), *Die Welt als offenes System*, Frankfurt 1986, S. 48–54.

55 R. Dahrendorf, »Die offene Gesellschaft und ihre Ängste«, *Universitas* 2 (1991), S. 170–177.

56 Vgl. A. J. Ayer, *Sprache, Wahrheit und Logik*, Stuttgart 1972.

57 L. Wittgenstein, *Tractatus logico-philosophicus*. In: Werkausgabe Bd. 1, Frankfurt 1984, S. 85.

58 W. Baum, »Wittgensteins Tolstojanisches Christentum«. In: *Conceptus* 11 (1977), S. 341.

59 K. R. Popper, »Natural Selection and the Emergence of Mind«. In: *Dialectica* 23 (1978), S. 339–355.

60 Vgl. z. B. R. Dawkins, *Der blinde Uhrmacher*, München 1987; J. L. Mackie, *Das Wunder des Theismus*, Stuttgart 1985.

61 Vgl. G. Streminger, »Gottes Güte und die Übel der Welt«. In: A. Bohnen / A. Musgrave (Hg.), *Wege der Vernunft*, Tübingen 1991.

62 H. Küng, *24 Thesen zur Gottesfrage*, München 1979.

63 Vgl. Anm. 67.

64 L. Kolakowski, *Falls es keinen Gott gibt*, München 1982.

65 Ebenda, S. 71.

66 Zur mittelalterlichen Kosmologie vgl. K. Flasch, »Gott jenseits im All«. In: U. Schultz (Hg.), *Scheibe, Kugel, Schwarzes Loch*, München 1990.

67 Ein Beispiel für eine solche Argumentation finden wir bei C. H.

Ratschow. In: J. Ritter (Hg.), *Historisches Wörterbuch der Philosophie* Bd. 3, Basel/Stuttgart 1974 (Art. »Gott«, XII), S. 811-814): »Gott wird nur dadurch erkennbar, daß er seine Präsenz und seinen Willen erschließt ... Reden von Gott und Nachdenken über Gott setzt den Vorgang voraus, in dem Gott seine Präsenz und seinen Willen souverän und kontingent bestimmten Menschen erschließt.«

68 Vgl. H. Albert, »Theologie als Wissenschaft«. In: S. Moser/E. Pilick (Hg.), *Gottesbilder heute*, Hanstein 1979, S. 55-68.

69 Fortschrittsindizien werden erörtert, K. R. Popper, »The Rationality of Scientific Revolutions«. In: R. Harré (Hg.), *Problems of Scientific Revolutions*, Oxford 1975, S. 72–101; vgl. auch K. Pähler, *Qualitätsmerkmale wissenschaftlicher Theorien. Zur Logik und Ökonomie der Forschung*, Tübingen 1986.

70 Vgl. E. Gombrich, *Kunst und Illusion*, Stuttgart/Zürich 1986[2].

71 Vgl. E. Gombrich, *Die Krise der Kulturgeschichte*, München 1991, Kap. 3, Vom »Jahrmarkt der Eitelkeiten«, S. 91–143.

72 Z. B. eine Notiz aus Cramers »Magazin der Musik« von 1789. In: O. E. Deutsch/J. H. Eibl (Hg.), *Mozart. Dokumente seines Lebens*, München 1991[3], S. 165.

73 Vgl. V. Braunbehrens, *Salieri*, München 1989.

74 Vgl. K. Marx, *Grundrisse der Kritik der politischen Ökonomie* (1857/58), Frankfurt o. J., S. 31.

75 Vgl. F. Hoffmann, *Instrument und Körper*, Frankfurt/Leipzig 1991.

76 R. Budde, »Einige Anmerkungen über den Umgang mit der Farbe bei den Impressionisten«. In: G. Czymmek (Hg.), *Landschaft im Licht* (Ausstellungskatalog), Köln/Zürich 1990, S. 78–81.

77 Einige Hinweise für eine evolutionäre Ästhetik enthält die Arbeit von I. Eibl-Eibesfeldt, *Die Biologie des menschlichen Verhaltens*, München/Zürich 1984; vgl. auch G. Vollmer, »Sollen impliziert Können. Kritischer Realismus als Grundlage einer Evolutionären Ethik«. In: U. O. Sievering (Hg.), *Kritischer Rationalismus heute*, Frankfurt 1988, S. 181–210.

78 Vgl. W. Marggraf, *Joseph Haydn*, Leipzig 1990 S. 51–55.

79 Die Malweise Jackson Pollocks wird kurz erläutert in:

H. Richter, *Geschichte der Malerei im 20. Jahrhundert*, Köln 1985[6], S. 191–193.

80 M. P. Vikturina, »Zur Frage von Kandinskys Maltechnik«. In: *Wassily Kandinsky, Katalog*, Schirn Kunsthalle, Frankfurt 1989, S. 35–46.

81 Einige eindrucksvolle Gemälde befinden sich in der Landesgalerie des Saarland Museums. Vgl. E.-G. Güse (Hg.), *Saarland Museum Landesgalerie*, Saarbrücken 1991.

82 Vgl. hierzu Schopenhauers Ästhetik: A. Schopenhauer, *Metaphysik des Schönen*, hg. von V. Sperling, München/Zürich 1988[2].

83 Vgl. G. Böhme, *Anthropologie in pragmatischer Hinsicht*, Frankfurt 1985.

84 K. R. Popper, *Das Elend des Historizismus*, Tübingen 1974[4], S. XII.

85 H. Schmid, »Methodologischer Individualismus, Historizismus und Historismus«. In: Sievering (Anm. 77), S. 118.

86 Dahrendorf (Anm. 44), S. 19.

87 Vgl. V. Braunbehrens, *Mozart in Wien*, München 1986; H. C. Robbins Landon, *1791 – Mozarts letztes Jahr*, Düsseldorf 1988.

88 Ebenda, S. 225.

89 R. Dahrendorf (Anm. 44), S. 26.

90 Vgl. R. Wandtner, »Wie das Leben entstand«. In: *Bild der Wissenschaft* 1 (1991), S. 60–65.

91 Vgl. I. Prigogine/J. Stengers, *Dialog mit der Natur*, München 1981; B. Kanitscheider, »Selbstorganisation in komplexen Systemen«. In: *Universitas* 8 (1991), S. 751–760.

92 Vgl. Alt (Anm. 2), S. 28–32.

93 Vgl. G. Vollmer, »Wider den Instrumentalismus«. In: Bohnen/Musgrave (Anm. 5), S. 130–148.

94 Vgl. *Bild der Wissenschaft* 1 (1992), S. 10.

95 Vgl. G. Vollmer (Anm. 19).

96 W. Franzen, »Totgesagte leben länger. Beyond Realism and Anti-Realism: Realism«. In: Forum für Philosophie (Hg.), *Realismus und Antirealismus*, Frankfurt 1992, S. 20–65.

97 Vgl. H. R. Maturana/F. J. Varela, *Der Baum der Erkenntnis*, Bern/München/Wien 1987[2]; S. J. Schmidt (Hg.), *Der Diskurs des Radikalen Konstruktivismus*, Frankfurt 1987.

98 Joh. 10.26.
99 T. Kuhn, *Die Struktur wissenschaftlicher Revolutionen*, Frankfurt 1976², S. 20.
100 K. R. Popper, »Die Normalwissenschaft und ihre Gefahren«. In: I. Lakatos / A. Musgrave (Hg.), *Kritik und Erkenntnisfortschritt*, Braunschweig 1974.
101 Popper (Anm. 69).
102 Ebenda, S. 89f.
103 Albert (Anm. 2), S. 204 f.
104 K. R. Popper, »Falsifizierbarkeit, zwei Bedeutungen von«. In: H. Seiffert / G. Radnitzky (Hg.), *Handlexikon zur Wissenschaftstheorie*, München 1989, S. 85.
105 B. Kanitscheider, »Selbstorganisation in komplexen Systemen«. In: *Universitas* 8 (1991), S. 755.
106 Vgl. P. Feyerabend, *Erkenntnis für freie Menschen*, Frankfurt 1980.
107 K. R. Popper, »The Myth of the Framework«. In: E. Freeman (Hg.), *The Abdication of Philosophy*, La Salle 1976.
108 Ebenda, S. 38.
109 Vgl. R. Rorty, *Kontingenz, Ironie und Solidarität*, Frankfurt 1992.
110 Ebenda, S. 21–51; vgl. hierzu Franzen (Anm. 96).
111 Vgl. N. Koertge, »Beyond Cultural Relativismus«. In: G. Currie / A. Musgrave (Hg.), *Popper and the Human Sciences*, Dordrecht 1985, S. 121–131.
112 Vgl. T. Kuhn (Anm. 28).
113 Vgl. I. C. Jarvie, »Rationality and Relativism«. In: *The British Journal of Sociology* 34 (1983), S. 44–60.
114 Vgl. J. Willer, »Wehrphysik statt jüdischer Theorien«. In: *Universitas* 5 (1988), S. 558–572.
115 Vgl. Blumberg, *Der Prozeß der theoretischen Neugierde*, Frankfurt 1973.
116 Vgl. K. Flasch (Hg.), *Aufklärung im Mittelalter? Die Verurteilung von 1277*, Mainz 1989.
117 G. Radnitzky, »Theorienbegründung oder begründete Theorienpräferenz«. In: G. Radnitzky / G. Andersson (Hg.) *Fortschritt und Rationalität der Wissenschaft*, Tübingen 1980, S. 317–370.
118 Vgl. R. Koselleck, »Die Verzeitlichung der Utopie«. In:

W. Vosskamp (Hg.), *Utopieforschung*, Bd. 3, Frankfurt 1985, S. 1–23.

119 A. Schmidt, *Kritische Theorie, Humanismus, Aufklärung*, Stuttgart 1981, S. 102.

120 Zu dieser Thematik vgl. auch J. Habermas, *Theorie des kommunikativen Handelns*, Frankfurt 1981.

121 Vgl. Popper (Anm. 69), S. 83: »... the history of science is, by and large, a history of progess. (Science seems to be the only field of human endeavour of which this can be said.)«

122 D. T. Campbell, »Erkenntnistheorie, evolutionäre«. In: Seifert / Radnitzky (Anm. 104), S. 61–63.

123 Vgl. z. B. M. Bunge, der Poppers Welt 3-Bewohner auf Gehirnvorgänge reduziert: *Das Leib-Seele-Problem*, Tübingen 1984, S. 213–217; L. J. Cohen, »Third World Epistemology«, In: Currie / Musgrave (Anm. 111), S. 1–12; V. Gadenne, »Freiheit und Rationalität«. In: Sievering (Anm. 77), S. 152–180; Habermas (Anm. 120), Bd. 1, Kap. 3.

124 F. Capra, *Wendezeit*, Bern / München / Wien 1983[2], S. 81.

125 G. Altner, *Überlebenskrise in der Gegenwart*, Darmstadt 1987, S. 158.

126 S. H. Nasr, »Mystik und Rationalität im Islam«. In: H.-P. Dürr / W. C. Zimmerli (Hg.), *Geist und Natur*, München / Wien 1989, S. 238.

127 R. Dawkins, *Der blinde Uhrmacher*, München 1987, S. 201 f.

128 G. Vollmer, »Nicht einmal Primzahlen sind unschuldig«. In: *Universitas* 6 (1987), S. 515.

129. D. Dörner, *Die Logik des Mißlingens*, Reinbek 1989, S. 308.

130 Ebenda.

131 Ebenda, S. 16.

132 Das gilt gerade auch für statistisch hergestellte präzise Angaben. Krämer spricht von der »Illusion der Präzision«. Vgl. W. Krämer, *So lügt man mit Statistik*, Frankfurt / New York 1991.

133 Vgl. hierzu W. W. Bartley, *Flucht ins Engagement*, Tübingen 1987; G. Vollmer, »Kann unser Wissen zugleich vorläufig und objektiv sein?« In: Sievering (Anm. 78) S. 39–62.

Literatur

Schriften von Karl R. Popper

Die folgende Liste enthält eine Auswahl der Werke Poppers; sie sind nicht in einer Gesamt- oder Werkausgabe verfügbar. Eine Bibliographie stammt von Troels Eggers Hansen; veröffentlicht ist sie in der von P. A. Schilpp herausgegebenen Arbeit *The Philosophy of Karl Popper*, La Salle 1974, Bd. 2, S. 1202–1287. Auf ihr beruht die gut zugängliche Bibliographie in Poppers Autobiographie *Ausgangspunkte*, Hamburg 1979; 1984³. Ich benutze die von Poppers Frau hergestellte »List of Publications«, die mir Popper vor einiger Zeit freundlicherweise zugeschickt hat. Sie umfaßt knapp 800 Veröffentlichungen – Übersetzungen und Auflagen eingeschlossen – aus der Zeit von 1925–1985. Etliche Frühschriften (u. a. die Dissertation) sind nicht veröffentlicht, viele der frühen Arbeiten scheinen verlorengegangen zu sein.

Die Stellung des Lehrers zu Schule und Schüler, in: Schulreform Heft 4/1925, S. 204–208
Poppers erste Veröffentlichung, in der er ein typisch reformpädagogisches Thema behandelt: das Spannungsverhältnis zwischen institutionellen Regelungen und der Lehrer-Schüler-Beziehung.

Die Gedächtnispflege unter dem Gesichtspunkt der Selbsttätigkeit, in: Die Quelle Heft 6/1931, S. 607–619
Poppers Kritik an der Assoziationspsychologie, seine Alternative: eine (wie wir heute sagen) kognitive Lerntheorie. »Selbsttätigkeit« ist ein zentraler Begriff der reformpädagogischen Bewegung.

Logik der Forschung, Wien 1935 (bereits 1934 erschienen)
Ein Standardwerk der Wissenschaftstheorie, in weiteren Auflagen
wichtige Anhänge, die 8. Auflage 1984 enthält einen Anhang über
Induktion und die Rolle der Erfahrung in der Wissenschaft.

The Poverty of Historicism, in:
Economica 11 (42) 1944, S. 86–103; 119–137
            12 (46) 1945, S. 69–89
Buchveröffentlichung: London 1957 (revidierter Text).

Das Elend des Historizismus, Tübingen 1965 (weitere Auflagen)
Diese Arbeit enthält Poppers Argument gegen die Vorhersagbarkeit
der menschlichen Geschichte sowie seine Darstellung der »Stückwerktechnologie«.

The Open Society and Its Enemies, Bd. 1 und 2, London 1945,

Die offene Gesellschaft und ihre Feinde, Bd. 1, Bern 1957; Bd. 2,
Bern 1958 (weitere Auflagen) UTB 472 u. 473
Erläutert werden u. a.: der Essentialismus, die Sein-Sollen-Unterscheidung, die These der abstrakten Gesellschaft, die Frage nach
dem Sinn der Geschichte, die Methode der Situationslogik. Viele
wichtige Argumente sind in den zahlreichen (kleingedruckten) Anmerkungen versteckt.

The Propensity Interpretation of Probability, in: The British Journal
for the Philosophy of Science 10 (37) 1959, S. 25–42
Popper kritisiert subjektivistische Interpretationen der Wahrscheinlichkeit. Seine Alternative ist die Propensitätstheorie (vgl. Popper
1990).

Selbstbefreiung durch das Wissen, in: L. Reinisch (Hg.), Der Sinn der
Geschichte, München 1961, S. 100–116, s. a. Popper (1984)
Poppers Ausführungen kreisen um Kants Idee der Selbstbefreiung
durch das Wissen – für Popper *das* Thema der Aufklärung. Wir
finden Anmerkungen über Fortschritt, Kritik und den Sinn des
Lebens.

Facts, Standards, and Truth: A Further Criticism of Relativism, in:
The Open Society and Its Enemies, London 1962 (Addendum)
Hier werden einige der Thesen vorgetragen, die wir in den Kapiteln
5 und 11.2 erörtern.

Conjectures and Refutations, London 1963 (weitere Auflagen)
Eine Aufsatzsammlung, die eine »Introduction« enthält mit dem
Titel »On the Sources of Knowledge and of Ignorance«, nach meiner
Meinung einer der besten Texte (vielleicht sogar der beste) Poppers.
Er führt die Leser direkt an die zentralen Annahmen des kritischen
Rationalismus heran. Eine extrem gekürzte Version dieser Arbeit in
deutscher Sprache finden wir in Popper (1984).

A Pluralist Approach to the Philosophy of History, in: E. Streissler
(Hg.), Roads to Freedom, London 1969, S. 181–200
Hier skizziert Popper seine ideenorientierte Geschichtstheorie im
Kontext der Drei-Welten-Lehre.

Eine objektive Theorie des historischen Verstehens, in: Schweizer
Monatshefte 50 (3) 1970, S. 207–215 vgl. auch Popper (1984)
Dieser Aufsatz ist auch ein Beitrag zur Methodologie der Geisteswissenschaften. Popper wendet sich gegen die These, Verstehen
beruhe auf einer Einfühlung oder einem Nachvollzug der Gedanken
und Handlungen anderer Menschen.

Normal Sciences and Its Dangers, in: I. Lakatos / A. Musgrave (Hg.),
Criticism and the Growth of Knowledge, Cambridge University
Press 1970, S. 51–58, deutsche Ausgabe: *Kritik und Erkenntnisfort-
schritt,* S. 51–57, Braunschweig 1974
Popper kritisiert diejenigen Wissenschaftler, die im Sinne Kuhns
»Normalwissenschaft« betreiben.

Objektive Knowledge: An Evolutionary Approach, Oxford 1972,
Objektive Erkenntnis, Hamburg 1973 (weitere Auflagen)
Eine Aufsatzsammlung, die u. a. den Text »Die Evolution und der
Baum der Erkenntnis« aus dem Jahre 1961 enthält. Popper vollzieht
seine Wende zur Evolutionstheorie.

Indeterminism is Not Enough, in: Encounter 40 (4) 1973, S. 20–26,
sowie in Popper (1982, PS_2)
Popper erläutert seine These, daß der Indeterminismus nicht aus-
reicht, um die Freiheit des Menschen zu erklären.

Autobiography, in: P. A. Schilpp (Hg.), The Philosophy of Karl
Popper, La Salle 1974, S. 1–181.

Ausgangspunkte, Meine intellektuelle Entwicklung, Hamburg 1979
(weitere Auflagen, mit einer Bibliographie).

Replies to my Critics, in: P. A. Schilpp (Hg.), The Philosophy of Karl Popper, La Salle, Bd. 2, S. 959–1197
Popper reagiert auf Kritiken und Kommentare. Er klassifiziert Bestandteile der Welt 3 (S. 1049–1053). Der Text enthält auch eine Kurzfassung seiner Kritik am Relativismus (S. 1151–1153).

Scientific Reduction and the Essential Incompleteness of All Science, in: F. J. Ayala/T. Dobzhansky (Hg.), Studies in the Philosophy of Biology, Berkeley 1974, S. 259–284, sowie in Popper (1982, PS$_2$)
Popper beschäftigt sich mit einem Thema, das in seiner Dissertation (1928) eine Rolle spielt: das Problem der Reduktion einer Theorie auf eine grundlegendere. Der Vergleich beider Arbeiten ist aufschlußreich, er zeigt, wie Popper seine Argumente mit Hilfe der Evolutionstheorie weiterentwickelt hat.

The Rationality of Scientific Revolutions, in: R. Harré, Problems of Scientific Revolutions, Oxford 1975, S. 72–101
Popper vergleicht Ebenen der Evolution und schlägt zwei Fortschrittskriterien vor.

The Myth of Framework, in: E. Freeman, The Abdication of Philosophy, La Salle, Illinois 1976, S. 23–48
Poppers Relativismus-Kritik.

The Self and Its Brain (zus. m. J. Eccles), Berlin/Heidelberg/London/New York 1977
Das Ich und sein Gehirn, München 1982
Popper schreibt ein Kapitel Philosophiegeschichte: eine Geschichte unseres Umgangs mit dem Leib-Seele-Problem.

Natural Selection and the Emergence of Mind, in: Dialectica 32/1978, S. 339–355
Die Evolutionstheorie erklärt die Entstehung neuer, emergenter Strukturen.

Die beiden Grundprobleme der Erkenntnistheorie, Tübingen 1979
Manuskripte aus den Jahren 1930–1933.

Postscript to the Logic of Scientific Discovery, hrsg. v. W. W. Bartley III, PS$_1$–PS$_3$, London 1982/1983 (s. Siglen)
Popper kritisiert u. a. den Instrumentalismus, er erläutert seine Propensitätstheorie und das Verhältnis von Wissenschaft und Metaphysik.

Offene Gesellschaft – offenes Universum, Gespräche mit Franz Kreuzer, Wien 1982, Serie Piper 476, München 1986

Auf der Suche nach einer besseren Welt, Vorträge und Aufsätze aus dreißig Jahren, München 1984, Serie Piper 699
Die Aufsatzsammlung enthält u. a. »Die Logik der Sozialwissenschaften«, der Text, der beim sog. »Positivismusstreit in der deutschen Soziologie« eine Rolle spielte.

Die Zukunft ist offen (zus. m. K. Lorenz), München 1985, Serie Piper 340
Der Band enthält Texte des Wiener Symposiums zum 80. Geburtstag von Popper.

A World of Propensities, Bristol 1990
Zwei modifizierte und erweiterte Vorträge: »A World of Propensities« und »Towards an Evolutionary Theory of Knowledge«, Popper kommentiert Wächtershäusers neue Theorie über den Ursprung des Lebens.

Kepler: Seine Metaphysik des Sonnensystems und seine empirische Kritik, in: A. Bohnen (Hg.), Wege der Vernunft, Festschrift zum 70. Geburtstag von Hans Albert, Tübingen 1991, S. 11–16
»Meine ganze Methodologie besteht in der Bemerkung, daß die Naturwissenschaften eine Wirklichkeit zu finden suchen, die hinter den Erscheinungen verborgen ist, und daß wir überall dort, wo wir nicht wissen, eben raten müssen, genau wie es Kepler tat ...«

Schriften über Karl R. Popper

Inzwischen gibt es eine Flut von Veröffentlichungen, die sich in der einen oder anderen Weise auf die Ideen Poppers beziehen. Ich möchte die Leser·und Leserinnen auf die folgenden Arbeiten hinweisen.

P. A. Schilpp (Hg.), *The Philosophy of Karl Popper*, La Salle 1974, Bd. 1 u. 2. In diesem Sammelband werden so gut wie alle Aspekte Popperscher Philosophie aufgegriffen. Dazu gehören auch Fragen der Interpretationen berühmter Philosophen durch Popper – vor allem seine Platon-Rezeption. Die im Abschnitt »Primärliteratur«

erwähnte Arbeit »Replies to my Critics« enthält auch eine Antwort auf einen Aufsatz von Gombrich, in der Popper einige seiner Ansichten über die Kunst erläutert. Eine deutsche Übersetzung des Gombrich-Textes finden wir in:

E. H. Gombrich, *Die Krise der Kulturgeschichte*, München 1991 (dtv 4562), Kap. 3 »Vom ›Jahrmarkt der Eitelkeiten‹. Die Wandlungen von Mode, Geschmack und Stil im Lichte der Logik«, S. 91–143. Kap. 9 ist der 1971 erstmals veröffentlichte Aufsatz »Für eine pluralistische Kunstgeschichtsschreibung« (S. 287–295), in dem sich Gombrich auf Kuhns Buch *Die Struktur wissenschaftlicher Revolutionen* und Poppers Aufsatz »Die Normalwissenschaft und ihre Gefahren« bezieht.

W. W. Bartley, *Flucht ins Engagement*, Tübingen 1987. Bartley unternimmt den Versuch, einige Ideen Poppers weiterzuentwickeln. Der Standpunkt, den Bartley darlegt, ist unter der Bezeichnung »Pankritischer Rationalismus« bekannt geworden. Das Buch enthält eine Auseinandersetzung mit neueren Entwicklungen im Protestantismus. Bartley beschäftigt sich u. a. auch mit der Frage, ob und inwieweit die Logik kritisierbar ist.

Th. W. Adorno u. a., *Der Positivismusstreit in der deutschen Soziologie*, hg. von H. Maus / F. Fürstenberg / F. Benseler, Darmstadt / Neuwied 1975[4]. Anfang der sechziger Jahre begann eine Auseinandersetzung zwischen Vertretern der Kritischen Theorie und Vertretern des kritischen Rationalismus. Die Hauptkontrahenten waren H. Albert und J. Habermas, die auf Beiträge von Popper und Adorno Bezug nahmen. Ein Diskussionspunkt hatte mit dem Verhältnis von Werturteilen und Theorien zu tun (Probleme der Werturteilsfreiheit). In diesem Zusammenhang erörterten die Kontrahenten verschiedene Ideen der Vernunft. Bemerkenswerterweise wurde Poppers Philosophie von Vertretern der Kritischen Theorie als »positivistisch« interpretiert. Popper galt sozusagen als Erz-Positivist. Popper selbst hat diesen Sachverhalt später (in »Replies to my critics«) als »Popper-Legende« bezeichnet. Mit dem Positivismusstreit beschäftigt sich:

H. Keuth, *Wissenschaft und Werturteil*, Tübingen 1989. Der Autor erläutert u. a. den Standpunkt Max Webers und diskutiert alternative Auffassungen (Spengler).

G. Currie / A. Musgrave (Hg.), *Popper and the Human Sciences*, Dordrecht 1985. Dieser Sammelband kann dazu beitragen, die Auffassung zu korrigieren, Poppers Ideen hätten vor allem für die Naturwissenschaften eine Bedeutung. Wir finden darin u. a. eine kritische Auseinandersetzung mit der Drei-Welten-Lehre sowie einen Beitrag von Noretta Koertge: Beyond cultural Relativism, in dem Poppers Methode der Situationsanalyse diskutiert wird.

K. Pähler, *Qualitätsmerkmale wissenschaftlicher Theorien*, Tübingen 1986. Poppers Lösungsvorschlag für das Abgrenzungsproblem wird hier detailreich erörtert. Pähler diskutiert, an welchen Merkmalen wir gute Theorien erkennen. Dabei greift er das Problem der Bewährung von Theorien auf (das in der vorliegenden Einführung nicht behandelt wird).

E.-M. Engels, *Erkenntnis als Anpassung*, Frankfurt 1989. In dieser voluminösen Arbeit beschäftigt sich die Autorin mit der evolutionären Erkenntnistheorie. Das 9. Kapitel ist der Kantinterpretation gewidmet, insbesondere der evolutionstheoretischen Deutung der Kantschen Unterscheidung zwischen a priori- und a posteriori-Erkenntnissen.

V. Riegas / C. Vetter (Hg.), *Zur Biologie der Kognition*, Frankfurt 1990 (stw 850). Dieser Sammelband enthält ein Gespräch mit Maturana, einem der maßgeblichen Vertreter des radikalen Konstruktivismus. Interessant ist der Aufsatz von Riegas, in dem die Frage behandelt wird, ob das Nervensystem ein offenes oder ein geschlossenes System darstellt.

E. Mayr, *Eine neue Philosophie der Biologie*, München 1991. In dieser Aufsatzsammlung erfahren wir viel über aktuelle Probleme und Lösungsversuche der Evolutionstheorie. Mayr behandelt u. a. die Frage der relativen Abgrenzung der Biologie gegenüber der Physik, Probleme des Reduktionismus sowie die Frage, ob sich die Evolution graduell oder in Sprüngen vollzieht.

U. O. Sievering (Hg.), *Kritischer Rationalismus heute*, Frankfurt 1988. In diesem Sammelband finden wir u. a. einen Aufsatz von V. Gadenne (»Freiheit und Rationalität«), in dem das Problem der Willensfreiheit erörtert wird. Dabei greift der Autor auf Poppers Drei-Welten-Lehre zurück. Vollmer diskutiert Aspekte einer evolutionären Ethik in dem Aufsatz »Sollen impliziert Können«, der auch in *Conceptus* 49/1986, S. 51–68, erschienen ist.

A. Bohnen (Hg.), *Wege der Vernunft*, Tübingen 1991. In dieser Festschrift zum 70. Geburtstag von Hans Albert gibt es einen exzellenten Aufsatz über das Theodizee-Problem von Streminger. G. Vollmer faßt die Argumente »Wider den Instrumentalismus« zusammen.

Zeittafel

1902   Karl Raimund Popper wird in Wien geboren. Seine Eltern sind Jenny Popper (Schiff) und Dr. Simon S. C. Popper. Sein Vater, ein Jurist, gehört zu den Freimaurern und sympathisiert mit den liberalen Ideen J. S. Mills. »Eines der großen Probleme, die mich schon als Kind bewegten, war das fürchterliche Elend in Wien. Dieses Problem beschäftigte mich so stark, daß ich fast nie ganz davon loskam« (A 4).

1914   Als Popper zwölf ist, bricht der 1. Weltkrieg aus.

1918   Popper verläßt vorzeitig die Mittelschule und wird Gasthörer an der Universität Wien. Er besucht Vorlesungen in Mathematik, Geschichte, Psychologie, Physik und Philosophie.

1919   Popper erlebt, wie sozialistische und kommunistische Arbeiter von der Polizei erschossen werden. Er gelangt zu der Auffassung, daß linke Intellektuelle dafür mitverantwortlich sind. Er begegnet Alfred Adler, der seine Individualpsychologie durch die vielfältigen Fallbeispiele aus der Praxis immer wieder bestätigt sieht. Popper stellt Theorienvergleiche an (z. B. Adler und Einstein). Die Sozialdemokraten regieren Wien von 1919–1934.

1920– Er wird kurzfristig Hilfsarbeiter, ein Jahr lang ist er Schüler
1922   am Wiener Konservatorium, Abt. Kirchenmusik. Seine Aufnahmeprüfung besteht darin, eine Fuge zu komponieren. Er läßt den Plan, Musiker zu werden, wieder fallen und beginnt

1922   eine Tischlerlehre; außerdem besteht er die Reifeprüfung als Privatschüler. Er schreibt sich als ordentlicher Student ein. Moritz Schlick wird Professor an der Universität Wien.

1924   Popper besteht die Prüfung an der Lehrerbildungsanstalt. Weil keine Lehrerstelle frei ist, wird er Erzieher in einem Hort für sozial gefährdete Kinder.

1925   Popper wird Student am Pädagogischen Institut, das mit der Universität kooperiert. Die Arbeit des Instituts steht im Zusammenhang mit der Schulreform im »roten Wien«. Eine Arbeitsgruppe entsteht, zu deren Mitgliedern Popper freundschaftliche Kontakte pflegt: der »Wiener Kreis«.

1928   Dissertation (2.2), mündliche Prüfung in Musikgeschichte, Psychologie und Philosophie.

1929   Popper unterzieht sich einer Prüfung, die ihm ermöglicht, Mathematik, Chemie und Physik zu unterrichten.

1930   Popper wird Schullehrer.

1931   Popper verteidigt die reformpädagogischen Anliegen, indem er zu zeigen versucht, daß der traditionellen »Drillschule« eine falsche Lerntheorie – die assoziationspsychologische – zugrunde liegt. Die christlich-soziale Opposition bezeichnet das ganze Unternehmen als »Schulbolschewismus« – bereits 1924 riefen die Katholiken zur »Rettung der Jugend« auf.

1935–   Popper besucht England; er begegnet Schrödinger, Russell
1936   und Gombrich.

1937   Popper und seine Frau kündigen ihre Lehrerstellen und emigrieren nach Neuseeland; Popper wird Dozent an der Universität in Christchurch.

1938   Die NS-Truppen marschieren in Österreich ein. In Neuseeland schreibt Popper *Das Elend des Historizismus* sowie die *Offene Gesellschaft*. Er befaßt sich mit der Wahrscheinlichkeitstheorie.

1946   Anfang Januar treffen Popper und seine Frau in England ein. Popper wird außerordentlicher Professor an der London School of Economics.

1946   Es kommt zu einer Auseinandersetzung mit Wittgenstein, um die sich viele Gerüchte ranken. Popper fährt mit Friedrich Waismann, einem Anhänger Wittgensteins, nach Holland.

1949   Popper wird Professor für Logik und Wissenschaftstheorie an der Universität London.

1950	Popper besucht Amerika; er trifft alte Wiener Bekannte, z. B. H. Feigl, und er diskutiert mit Einstein – unter anderem geht es um die Objektivität der Zeit.
1956	Das Postscript zur *Logik der Forschung* liegt bereits in Druckfahnen vor, das Buch erscheint aber nicht; Popper leidet an einer Augenerkrankung.
1961	Popper hält in Oxford eine Herbert-Spencer-Vorlesung: »Evolution and the Tree of Knowledge«. Fortan wird er erkenntnistheoretische Probleme evolutionstheoretisch angehen. Diese Wende bedeutet keinen Bruch im Gesamtwerk. Die biologische Perspektive finden wir in seiner Dissertation und andeutungsweise auch in anderen Arbeiten (GE, PS).
	Popper hält den Eröffnungsvortrag bei der Tagung der Deutschen Gesellschaft für Soziologie in Tübingen. Der sog. »Positivismusstreit« nimmt seinen Anfang.
1965	Popper wird in den Adelsstand erhoben. In der Bundesrepublik ist es vor allem Hans Albert, der viele Ideen Poppers aufgreift und bekannt macht. Während der Studentenbewegung gilt Popper als Erz-Positivist. Daran ändert auch das Buch *Traktat über kritische Vernunft* zunächst nichts, das
1968	erscheint. In dieser Arbeit formuliert Albert das »Münchhausen-Trilemma«.
1974	Popper wird »geschilppt« (2 Bände der *Library of Living Philosophers* erscheinen.)
1975	Die Brauchbarkeit von Poppers Ideen für die politische Praxis wird nun auch innerhalb der Parteien erörtert. Der Sammelband *Kritischer Rationalismus und Sozialdemokratie* erscheint. Die Auffassungen Bernsteins, Max Webers und Poppers werden in einen Zusammenhang gebracht (übrigens zurecht).
1979	Manuskripte aus den Jahren 1930–1933 werden veröffentlicht (GE).
1982/ 1983	Das »Postscript«, dessen Veröffentlichung in den fünfziger Jahren vorgesehen war, erscheint nun doch in drei Bänden. Popper arbeitet u. a. an Problemen der Quantenmechanik. Er gilt inzwischen als ein »Klassiker« der Philosophie.

| 1989 | Popper interessiert sich sehr für die neue Theorie über die Evolution des Lebens (Wächtershäuser), die er in seinem Buch *A World of Propensities*, das |
| 1990 | erscheint, kurz kommentiert. |

Reihe Campus Einführungen

Walter Reese-Schäfer
Jürgen Habermas
Band 1041
1991. 144 Seiten

Walter Reese-Schäfer
Richard Rorty
Band 1046
1991. 152 Seiten

Norbert Bolz, Willem van Reijen
Walter Benjamin
Band 1042
1991. 144 Seiten

Peter Cardorff
Martin Heidegger
Band 1047
1991. 176 Seiten

D.D. Raphael
Adam Smith
Band 1043
1991. 140 Seiten

Arie de Ruijter
Claude Lévi-Strauss
Band 1048
1991. 148 Seiten

Günter Schulte
Immanuel Kant
Band 1044
1991. 180 Seiten

Hans Heinz Holz
Gottfried Wilhelm Leibniz
Band 1052
1992. 168 Seiten

Ulrich Charpa
Aristoteles
Band 1045
1991. 148 Seiten

Ludwig Nagl
Charles Sanders Peirce
Band 1053
1992. 172 Seiten

Campus Verlag · Frankfurt/New York